Maîtriser Excel 2007 et 2010
110 formules et fonctions

Agnès TAUPIN
Auteur et formateur-consultant

territorial éditions

Collection « L'Essentiel sur » - Réf. : BK 287 - Septembre 2014

Groupe Territorial
CS 40215 - 38516 Voiron Cedex - Tél. : 04 76 65 87 17 - Fax : 04 76 05 01 63
Retrouvez tous nos ouvrages sur **http://librairie.territorial.fr**

Vous souhaitez être informé de la prochaine actualisation de cet ouvrage ?

C'est simple !

Il vous suffit d'**envoyer un mail** nous le demandant à :

jessica.ott@territorial.fr

Au moment de la sortie de la nouvelle édition de l'ouvrage, nous vous ferons une **offre commerciale préférentielle.**

Avertissement de l'éditeur :
La lecture de cet ouvrage ne peut en aucun cas dispenser le lecteur de recourir à un professionnel du droit.

ISBN : 978-2-8186-0741-1
ISBN version numérique : 978-2-8186-0742-8
Imprimé par Reprotechnic, à Bourgoin-Jallieu (38) - Septembre 2015
Dépôt légal à parution

Sommaire

Performance 1
Gagner du temps avec Excel

L'essentiel à maîtriser pour naviguer sous Excel 2010 (ou 2007) p. 10

1. Découvrir le vocabulaire indispensable pour naviguer dans ce livre p. 10

Personnaliser l'environnement p. 12

2. Retrouver une commande absente sous Excel p. 12

3. Supprimer/Ajouter l'affichage des info-bulles p. 14

4. Modifier le chemin de stockage par défaut p. 15

5. Supprimer les zéros dans les cellules dont la valeur est nulle p. 16

6. Personnaliser l'affichage des commentaires p. 17

Sélectionner ou repérer des données p. 18

7. Sélectionner des données p. 18

8. Sélectionner automatiquement des cellules contenant du texte, des formules... p. 19

9. Repérer les cellules contenant des formules erronées p. 20

10. Repérer des cellules restées momentanément vides p. 21

11. Rechercher des données dans un classeur p. 22

Déplacer des données p. 23

12. Déplacer une colonne, une ligne ou une feuille p. 23

13. Dupliquer une feuille dans le même classeur p. 24

14. Dupliquer/Déplacer une feuille vers un autre classeur p. 25

Performance 2
Écrire dans les cellules

L'essentiel à maîtriser pour écrire dans une cellule p. 28

15. Saisir des données dans une cellule (texte, valeur, date...) p. 28

16. Modifier le format des cellules p. 29

17. Insérer dans une cellule Excel des données listées p. 30

18. Mélanger valeur et texte dans une cellule et autoriser les formules p. 31

19. Ajouter un commentaire à une cellule p. 32

20. Commenter ou expliciter une formule p. 33
21. Ajouter des commentaires pour guider la saisie p. 34
Saisir (ou automatiser la saisie) des données p. 35
22. Continuer une suite logique (poignée de recopie) p. 35
23. Personnaliser une suite automatique p. 36
24. Lier des données entre elles (feuilles ou classeurs) p. 37
25. Effectuer une somme de regroupement p. 38
26. Agir sur plusieurs feuilles en même temps (groupe de travail) p. 39

Performance 3
Écrire et calculer des dates ou des heures

L'essentiel à savoir pour mettre en forme des heures p. 42
27. Mettre en forme des heures p. 42
28. Utiliser le « bon » format heure p. 43
Écrire et calculer des heures p. 44
29. Arrondir l'heure au quart d'heure supérieur à l'aide d'une formule p. 44
30. Saisir des fractions p. 45
31. Multiplier le temps passé par un taux horaire p. 46
Écrire et calculer des dates p. 47
32. Utiliser/Modifier le format date p. 47
33. Insérer automatiquement des dates p. 48
34. Calculer l'ancienneté d'un événement p. 49
35. Calculer une échéance p. 50
36. Créer un calendrier « intelligent » p. 51
37. Interdire la saisie de dates incohérentes p. 52

Performance 4
Écrire des formules

L'essentiel à savoir pour écrire des formules p. 54
38. Additionner sans utiliser la formule =somme() p. 54
39. Additionner des sous-totaux p. 55
40. Découvrir les opérateurs et l'ordre des calculs p. 56

Utiliser quelques formules de statistique p. 57
41. Calculer une moyenne, un maximum ou un minimum p. 57
42. Auditer des valeurs (Moyenne, Nb, Min, Max...) p. 58
43. Classer les résultats (EQUATION.RANG) p. 59
44. Compter le nombre de cellules présentes dans une série (NB & NBVAL) p. 61
Écrire une suite de formules ou insérer des données externes p. 62
45. Écrire une formule imbriquée p. 62
46. Inclure des données externes dans une formule p. 63
Recopier des formules (relatives et absolues) p. 64
47. Recopier une formule « mobile » (valeur relative) p. 64
48. Recopier une formule contenant une cellule fixe (valeur absolue) p. 65
49. Afficher les formules à l'écran p. 66
Utiliser des outils d'analyse p. 68
50. Atteindre une valeur cible p. 68
51. Créer et utiliser un Gestionnaire de scénarios p. 69

Performance 5
Écrire des formules complexes

L'essentiel à savoir pour maîtriser les pourcentages p. 72
52. Déterminer le montant TTC à partir d'un montant HT p. 72
53. Trouver un montant HT ou TTC p. 73
54. Calculer un montant « avant remise » p. 74
55. Afficher la TVA sans indiquer le montant HT p. 75
56. Afficher le pourcentage d'une série p. 76
57. Calculer un pourcentage d'évolution p. 77
58. Calculer un pourcentage (ex. : de pannes) p. 78
59. Cumuler une suite de pourcentages p. 79
Découvrir et utiliser des formules conditionnelles (SI) p. 80
60. Écrire une formule conditionnelle SI p. 80
61. Enchaîner des conditions SI p. 81
62. Écrire une formule de condition SI ET p. 82
63. Écrire une formule de condition SI OU p. 83
64. Utiliser la fonction SI ESTVIDE p. 84

Utiliser des formules de recherche p. 86
65. Utiliser la fonction Choisir p. 86
66. Découvrir une formule de RECHERCHEV (V pour verticale) p. 87
67. Découvrir une formule RECHERCHEH (H pour horizontale) p. 88
68. Écrire une formule de RECHERCHE (V ou H) p. 89
69. Recopier une formule de RECHERCHE (V ou H) p. 90

Performance 6
Maîtriser la mise en forme des cellules

L'essentiel à savoir pour mettre en forme une cellule p. 92
70. Mettre en forme les cellules p. 92
71. Recopier une mise en forme p. 93
Utiliser les formats spéciaux et personnalisés p. 94
72. Choisir un format prédéfini p. 94
73. Utiliser un format de la catégorie Personnalisée p. 95
Créer des formats spéciaux originaux et utiles p. 96
74. Afficher des points de suite p. 96
75. Afficher un caractère spécial p. 97
76. Créer un format k€ ou M€ qui ne tronque pas les valeurs d'origine p. 98
Mettre les données en valeur p. 99
77. Réaliser un encadrement automatique p. 99
78. Utiliser la mise en forme conditionnelle p. 100
79. Créer un graphique instantané p. 101

Performance 7
Créer et travailler avec des listes

L'essentiel à savoir sur la gestion des listes p. 104
80. Découvrir le « dessous » des listes p. 104
81. Transposer des données pour créer une liste p. 105
82. Utiliser la fonction Mettre sous forme de tableau p. 106
83. Naviguer dans une longue liste (figer les volets) p. 107
Filtrer des données dans une liste p. 108
84. Filtrer des données p. 108
85. Personnaliser un filtre p. 109

Trier des données et afficher des sous-totaux p. 110

86. Trier des données sur un ou plusieurs critères p. 110

87. Calculer des sous-totaux p. 111

88. Naviguer dans le mode plan de l'option Sous-total p. 112

89. Utiliser la fonction Grouper pour créer son propre Plan p. 113

Extraire des données sans trier une liste p. 114

90. Écrire une formule matricielle p. 114

91. Déterminer un nombre sous condition(s) p. 116

92. Associer une somme à plusieurs critères p. 117

Croiser et analyser des données p. 118

93. Construire un tableau croisé dynamique p. 118

94. Afficher les pourcentages sans formule et en trois clics p. 121

95. Modifier un tableau croisé dynamique p. 122

96. Mettre en forme le TCD en quelques clics p. 123

Performance 8
Modifier des listes

L'essentiel à savoir pour automatiser la correction des données listées p. 126

97. Réunir le contenu de deux colonnes p. 126

98. Ajouter des majuscules de début p. 127

99. Corriger les erreurs de ponctuation p. 128

100. Séparer le contenu de deux colonnes p. 129

101. Comparer des listes p. 130

Guider l'utilisateur p. 131

102. Limiter la saisie p. 131

103. Associer une liste de choix à une ou des cellules p. 132

« Nettoyer » des listes importées p. 133

104. Modifier l'affichage des dates erronées après une importation p. 133

105. Corriger le format des valeurs (nombres et chiffres) p. 134

106. Ôter les caractères indésirables p. 135

107. Éliminer les doublons p. 136

Mettre en forme et imprimer .... p. 137
108. Colorer une ligne sur deux .... p. 137
109. Personnaliser l'en-tête et le pied de page .... p. 139
110. Imprimer les titres des colonnes et des lignes .... p. 140

Index par numéro d'astuce .... p. 141

Performance 1

Gagner du temps avec Excel

L'essentiel à maîtriser pour naviguer sous Excel 2010 (ou 2007)

Excel 2010 ou 2007 : environnement identique à l'exception de l'onglet **Fichier**.

1. Découvrir le vocabulaire indispensable pour naviguer dans ce livre

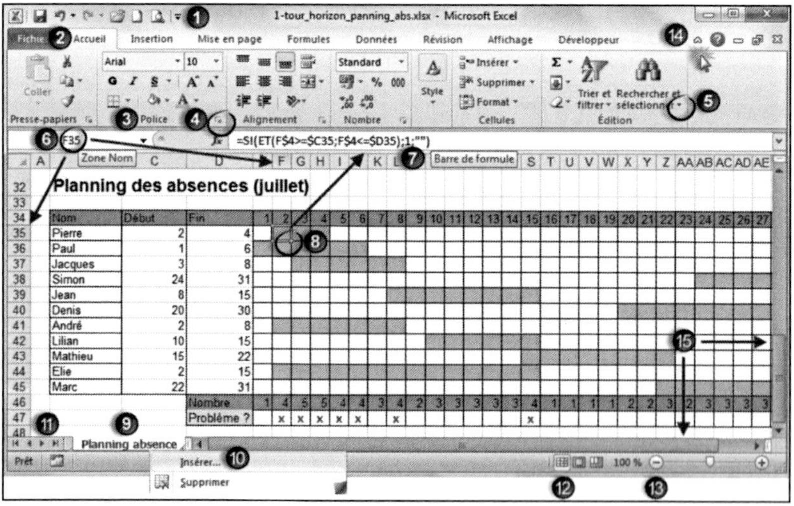

- Barre d'outils **Accès rapide** (1)
- Onglet **Accueil** du Ruban (2)
- **Groupe de commandes** Police (3)
- **Lanceur de boîte de dialogue** (4)
- Flèche de choix de l'icône **Rechercher et remplacer** (5)
- **Zone nom** (6) où s'affichent les références de la cellule active ou son nom
- **Barre de formule** (7) dans laquelle s'affiche le contenu de la cellule active (mot, valeur, formule)
- **Poignée de recopie** (8) de la cellule active (ici F35)
- **Feuille** active (9)
- **Menu contextuel** (10) accessible à l'aide d'un clic droit

- **Flèches de navigation** entre feuilles (11)
- **Modes de mise en page** (12) : ***Normal, Mise en page, Aperçu des sauts de page***
- **Zoom** (13)
- **Réduire/Développer le Ruban** (14)
- **Barres de défilement** (15)

Bon à savoir
À chaque utilisation de fonctions spécifiques (***Graphique***, ***Tableau croisé dynamique***...), des *onglets contextuels* s'ajoutent au *Ruban*. Un clic dans ou sur l'élément (ex. : sur un graphique) active des onglets contextuels. Un clic en dehors de l'élément les fait disparaître.

2. Retrouver une commande absente sous Excel

Sous Excel, certaines commandes ne sont pas présentes dans les onglets du Ruban. Pourtant, certaines sont actives.

Accéder à la boîte de dialogue Options Excel

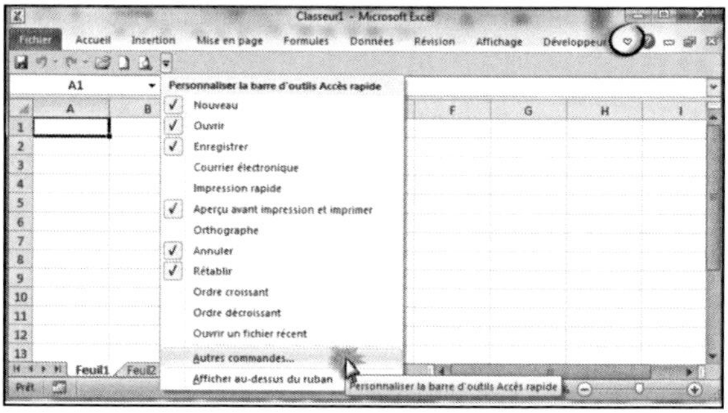

Développez le menu de la ***Barre d'outils Accès Rapide*** (clic sur la flèche située à son extrémité droite) puis cliquez sur l'option ***Autres commandes***. La boîte de dialogue ***Options Excel*** s'affiche et la section ***Barre d'outils Accès rapide*** est active dans le volet gauche.

Personnaliser la barre d'outils Accès rapide

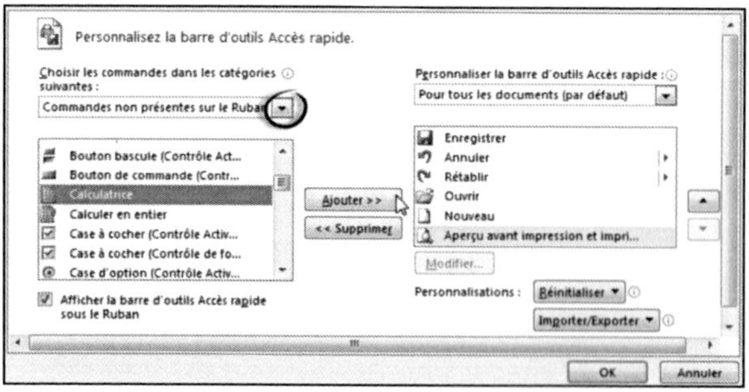

Dans la section ***Barre d'outils Accès rapide***, repérez la zone ***Choisir les commandes dans les catégories suivantes*** puis activez l'option ***Commandes non présentes sur le Ruban***. Une liste de commandes s'affiche. Certaines options seront inactives, même si vous les insérez. En revanche, de nombreuses commandes sont toujours opérationnelles (par exemple, la commande ***Calculatrice***). Sélectionnez une commande et cliquez sur le bouton ***Ajouter***. Enfin, cliquez sur le bouton ***OK*** pour valider.

Bon à savoir
La boîte de dialogue ***Options Excel*** s'ouvre également depuis l'onglet ***Fichier*** et la commande ***Options***.

Astuce
Pour ajouter une icône présente dans le *Ruban* sur la ***Barre d'outils Accès rapide***, faire un clic droit sur l'icône et cliquer sur l'option ***Ajouter à la barre d'outils Accès rapide***.

3. Supprimer/Ajouter l'affichage des info-bulles

L'affichage systématique ou l'absence d'affichage des info-bulles sous les icônes vous dérange ? Découvrez comment les paramétrer à votre convenance.

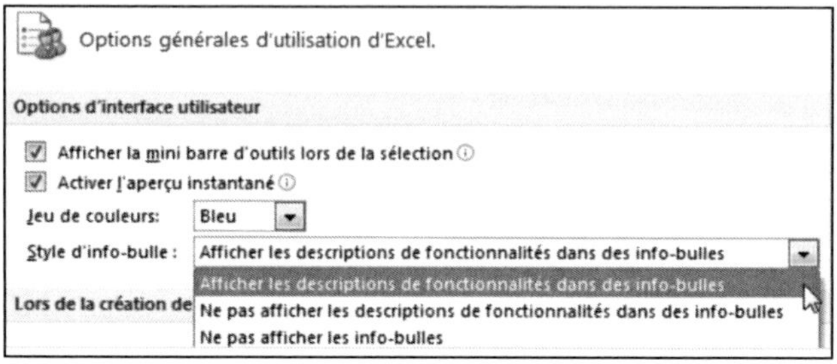

Activez l'onglet ***Fichier*** ou le bouton Office puis cliquez sur ***Options***. La boîte de dialogue ***Options Excel*** s'affiche et la catégorie ***Général*** est active. Repérez la zone ***Options d'interface utilisateur*** puis activez la flèche de choix de l'option ***Style d'info-bulle***. Choisissez celle à votre convenance puis cliquez sur le bouton ***OK*** pour valider votre choix.

Bon à savoir

Pour modifier la langue des info-bulles (par exemple, les afficher en anglais ou en espagnol), activer l'onglet ***Fichier***. Sous ***Langue*** et dans la zone ***Sélectionnez la langue des info-bulles,*** activer la flèche de choix de la zone ***Définir la langue des info-bulles*** et choisir une langue.

4. Modifier le chemin de stockage par défaut

Lors du premier enregistrement d'un classeur, Excel vous propose par défaut un lieu de stockage. Savez-vous qu'il vous est possible de choisir un autre dossier de sauvegarde ?

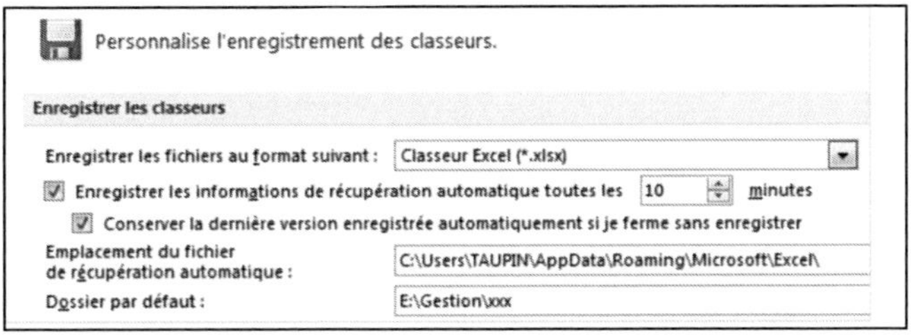

Appuyez sur la touche ***Windows*** de votre clavier puis ouvrez le menu ***Poste de travail*** (sous XP) ou ***Ordinateur*** sous Windows 7. Dans l'explorateur, recherchez et copiez le chemin de stockage de vos données personnelles. Une fois le chemin défini, ouvrez Excel, activez l'onglet ***Fichier*** puis cliquez sur ***Options***. Dans la boîte de dialogue ***Outils Excel***, cliquez sur la section ***Enregistrement***. Sous ***Enregistrer les classeurs***, collez le chemin de stockage dans la zone ***Dossier par défaut***. Validez en cliquant sur le bouton ***OK***.

Bon à savoir
Pour copier rapidement une sélection, utiliser le raccourci clavier ***Ctrl C***. Pour coller la sélection, appuyer sur ***Ctrl V***.

5. Supprimer les zéros dans les cellules dont la valeur est nulle

L'affichage systématique de la valeur zéro vous indispose ? Supprimez-le !

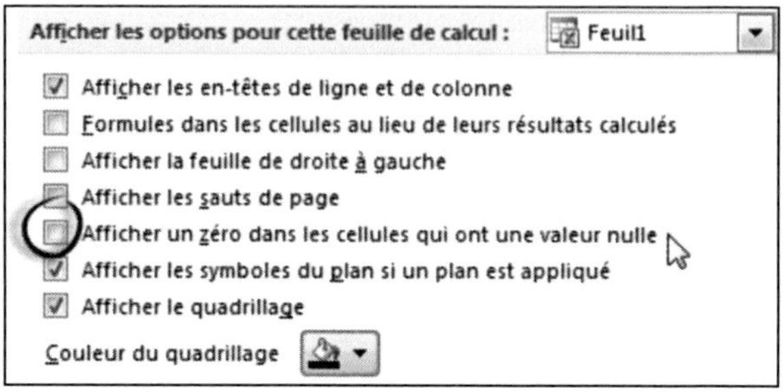

Ouvrez la boîte de dialogue ***Options Excel*** (onglet ***Fichier*** ou bouton Office). Dans la section ***Options avancées***, repérez la zone ***Afficher les options pour cette feuille de calcul*** et décochez l'option ***Afficher un zéro dans les cellules qui ont une valeur nulle***. Ensuite, cliquez sur le bouton ***OK*** pour valider.

6. Personnaliser l'affichage des commentaires

Pour éclairer le contenu d'une cellule, il est possible de lui ajouter des Commentaires. Ces derniers peuvent être visibles en survol, ou masqués.

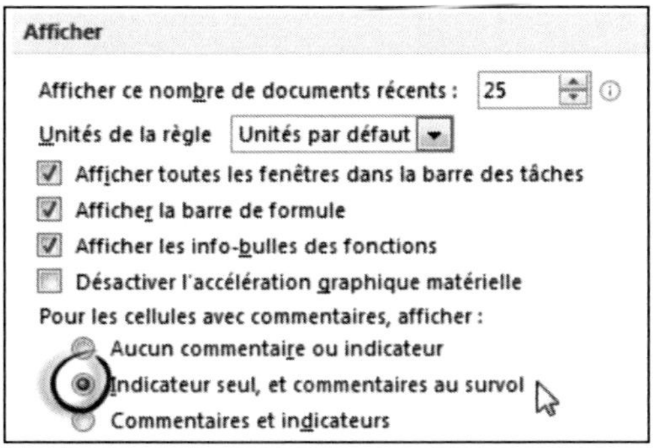

Ouvrez la boîte de dialogue ***Options Excel*** (onglet ***Fichier*** ou bouton Office). Dans la section ***Options avancées***, repérez la zone ***Afficher*** et cochez l'option ***Indicateur seul, et commentaires au survol***. Ensuite, cliquez sur le bouton ***OK*** pour valider.

Sélectionner ou repérer des données

7. Sélectionner des données

Pour gagner du temps sous Excel, (re)découvrez les raccourcis claviers indispensables à connaître.

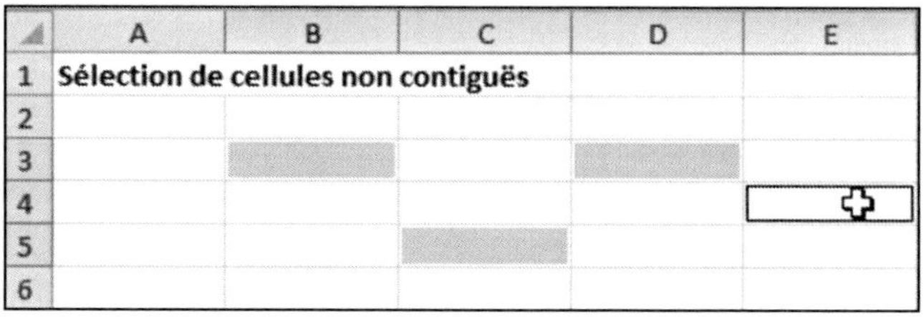

- Sélectionner toutes les cellules (non vides) d'un tableau : ***Ctrl A***.
- Sélectionner toutes les cellules (non vides) d'une colonne : ***Ctrl Shift*** ↓.
- Sélectionner toutes les cellules (non vides) d'une ligne : ***Ctrl Shift*** ←.
- Sélectionner plusieurs cellules (ou plages de cellules) non contiguës : sélection1, ***Ctrl***, sélection2.
- Sélectionner une colonne/une ligne : placer le pointeur de la souris sur la lettre de la colonne/le numéro de la ligne et cliquer sur le bouton gauche de la souris.

Bon à savoir
Pour utiliser un raccourci clavier, maintenir la touche ***Ctrl*** enfoncée puis appuyer sur la seconde touche (ex. : ***Ctrl A***). La touche ***Shift*** (ou ***Maj***) est située juste au-dessus de la touche ***Ctrl*** gauche.

8. *Sélectionner automatiquement des cellules contenant du texte, des formules...*

Vous souhaitez apporter un correctif à toutes les cellules d'un fichier Excel ? Découvrez comment les atteindre et les sélectionner toutes en même temps !

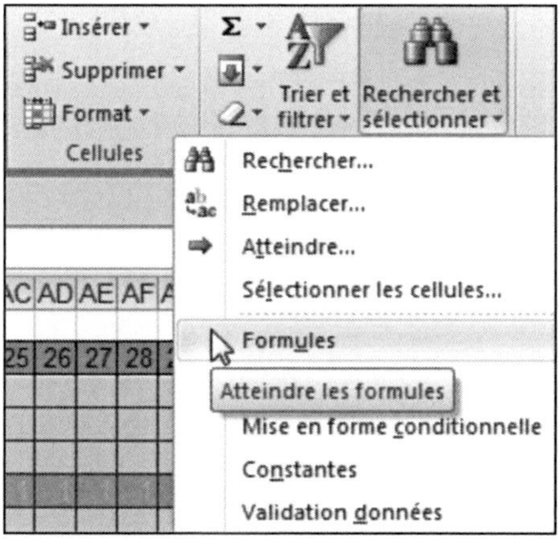

Ouvrez un fichier contenant du texte, des nombres et des formules. Activez, sur le *Ruban*, l'onglet ***Accueil*** puis repérez le groupe ***Édition***. Activez la flèche de choix de l'icône ***Rechercher et sélectionner*** (paire de jumelles) puis sélectionnez l'option ***Sélectionner les cellules...*** Une fenêtre du même nom s'affiche. Cochez les options de votre choix (par exemple, ***Constantes et Texte***) puis cliquez sur le bouton ***OK***. Toutes les cellules au format à atteindre sont sélectionnées. Vous pouvez modifier leur mise en forme ou appliquer les correctifs de votre choix.

Bon à savoir

Pour atteindre les ***Formules***, la ***Mise en forme conditionnelle***, les cellules reliées à l'option ***Validation des données***, sous ***Rechercher et sélectionner*** cliquer sur l'option de votre choix.

9. Repérer les cellules contenant des formules erronées

Vous réalisez la mise à jour d'un long fichier contenant de nombreuses formules. Retrouvez toutes les formules incohérentes en une seconde !

Ouvrez un fichier à vérifier. Activez, sur le *Ruban*, l'onglet ***Formules*** (1) puis repérez le groupe ***Audit de formules*** (2). Activez la flèche de choix de l'icône ***Audit de formules*** (3) puis celle de l'option ***Vérification des erreurs*** et cliquez sur le bouton ***Afficher les étapes du calcul...*** (4). Une fenêtre du même nom s'affiche et Excel pointe la première incohérence (5). Selon votre degré de maîtrise de la question, cliquez sur les boutons de votre choix (***Pas à pas détaillé***, etc.). Pour poursuivre le contrôle du fichier, cliquez sur le bouton ***Suivant***, etc.

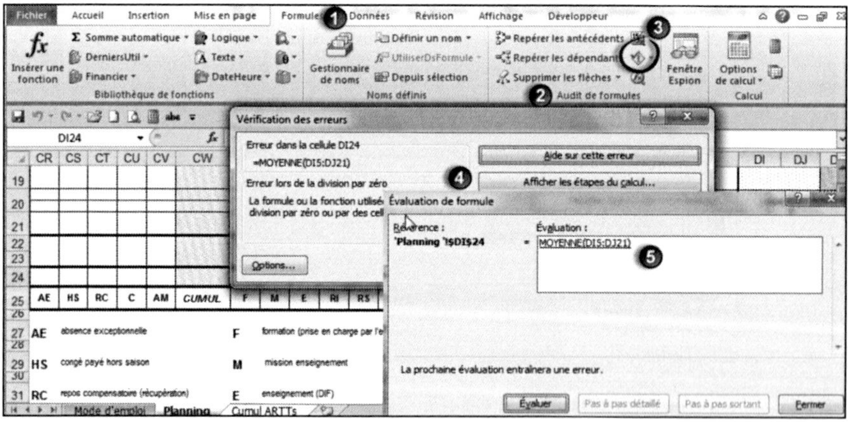

Bon à savoir

Quand Excel repère une formule erronée, une icône s'affiche dans l'angle supérieur gauche de la cellule en question et un menu déroulant apparaît à l'activation de sa flèche de choix.

10. Repérer des cellules restées momentanément vides

Dans les classeurs de suivi, il arrive que certaines cellules soient provisoirement vides. Pour les repérer, vous pouvez les associer à un format de Mise en forme conditionnelle. Une fois les données saisies dans les cellules, le format conditionnel disparaîtra. Action !

Sélectionnez les cellules de toute la plage de cellules concernée. Dans l'onglet ***Accueil*** repérez le groupe ***Style*** et cliquez sur l'icône ***Mise en forme conditionnelle*** puis sur ***Nouvelle règle***. Dans la boîte de dialogue, sous ***Sélectionnez un type de règle*** cliquez sur ***Appliquer une mise en forme uniquement aux cellules qui contiennent***. Sous ***Modifier la description de la règle***, cliquez sur la flèche de choix et sélectionnez ***Cellules vides***. Pour choisir un format de cellules conditionnel, cliquez sur le bouton ***Format*** et appliquez un fond coloré aux cellules. Enfin, cliquez sur le bouton ***OK*** pour valider. Seules les cellules vides seront concernées par la mise en forme. Le format disparaîtra lorsque des données seront saisies dans les cellules en question.

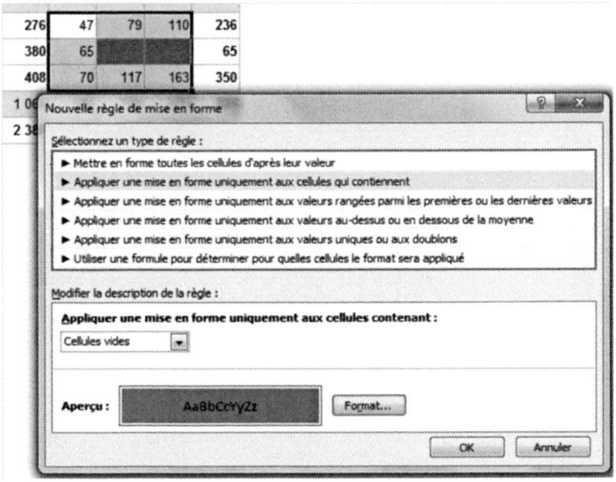

11. Rechercher des données dans un classeur

Vous cherchez une information présente dans le classeur ou la feuille active. Découvrez comment optimiser la fonction Rechercher.

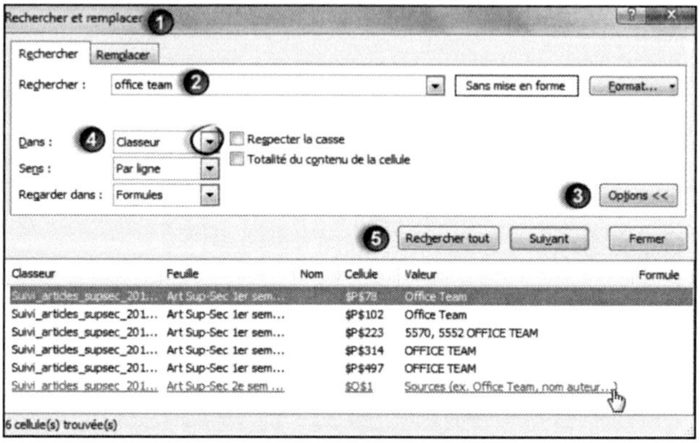

Sous l'onglet ***Accueil*** et le groupe ***Édition***, cliquez sur l'icône ***Rechercher et sélectionner***. Observez, au passage, les options disponibles (vous pourrez les tester par la suite). Cliquez sur l'option ***Rechercher***.
La boîte de dialogue ***Rechercher et remplacer*** s'affiche (1). Saisissez, dans la zone ***Regarder***, le mot-clé à trouver (2) puis cliquez sur le bouton ***Options*** (3). Activez la flèche de choix de la zone ***Dans*** (4) puis cliquez sur ***Classeur*** si la recherche doit balayer toutes les feuilles. Enfin, cliquez sur le bouton ***Rechercher tout*** (5). Les résultats s'affichent.

Déplacer des données

12. Déplacer une colonne, une ligne ou une feuille

Une ligne ou une colonne doit changer de place ? Glissez son contenu vers sa nouvelle destination.

Activez l'onglet ***Accueil*** (1) et sélectionnez une colonne ou une ligne à l'endroit de votre choix (2). Dans le groupe ***Cellules***, cliquez sur l'icône ***Insérer*** (3) puis sur ***Insérer des colonnes dans la feuille*** (4). Ensuite, sélectionnez la colonne (5) ou la ligne à déplacer et pointez le curseur de votre souris sur les bords de la sélection. Le pointeur se transforme en croix multidirectionnelle. Cliquez sur le bouton gauche de la souris et, sans relâcher la pression du doigt, faites glisser la sélection vers sa nouvelle destination. Relâchez le bouton, le contenu se déplace. Vous pouvez maintenant supprimer l'élément vide (ancienne ligne ou colonne).

Bon à savoir
Pour déplacer l'onglet d'une feuille, utiliser cette même technique (sélectionner / cliquer-glisser). Lors de l'accompagnement, le curseur prend l'aspect d'une feuille (6).

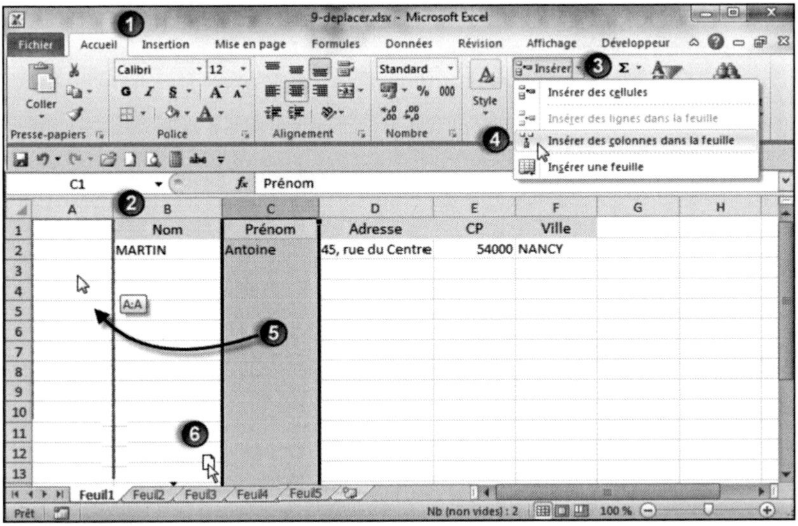

Astuce
Pour insérer plusieurs colonnes ou lignes, sélectionner au départ autant de lignes ou colonnes que nécessaire (3 pour 3, 5 pour 5, etc.).

13. Dupliquer une feuille dans le même classeur

Vous devez modifier un fichier mais vous préférez travailler sur une copie pour conserver l'original intact ? Dupliquez la feuille et travaillez en toute sécurité.

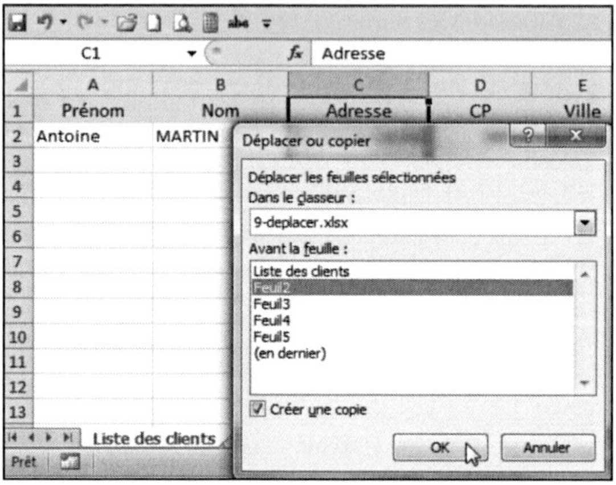

Sélectionnez l'onglet de la feuille à dupliquer, cliquez sur le bouton droit de la souris puis activez l'option ***Déplacer ou copier***... Une fenêtre du même nom s'affiche. Dans la zone ***Avant la feuille***, sélectionnez l'emplacement de destination (par exemple, en dernier) puis cochez la case d'option ***Créer une copie***. Les feuilles seront identiques et vous pourrez supprimer l'ancienne version si la seconde est conforme à vos attentes.

Pour déplacer une feuille (ou la copier) vers un autre classeur : suivre le même raisonnement mais, dans la zone ***Dans le classeur***, choisissez le classeur de destination (ouvert au préalable) ou l'option ***Nouveau classeur***.

Bon à savoir
Pour ajouter une feuille de calcul vierge à tout moment, cliquer sur l'icône ***Insérer une feuille de calcul*** située après les onglets de feuilles.

14. Dupliquer/Déplacer une feuille vers un autre classeur

Vous souhaitez insérer, dans un classeur, une feuille présente sur un autre classeur...

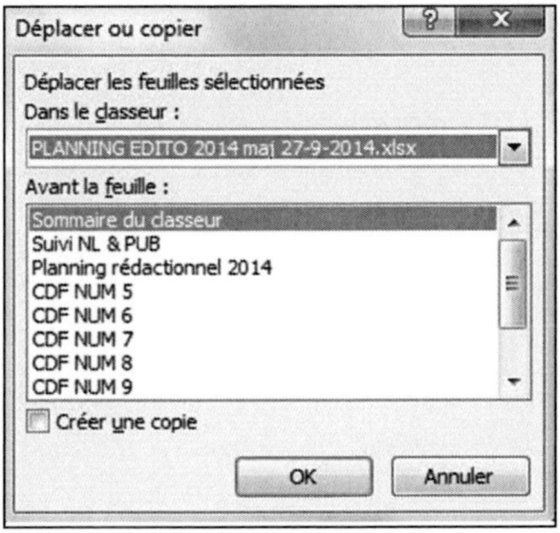

Ouvrez le *classeur de destination* et le *classeur source* contenant la feuille à dupliquer ou déplacer. Dans le *classeur source*, faites un clic droit sur le nom de la feuille à déplacer. Dans le menu, cliquez sur l'option ***Déplacer ou copier***. Dans la boîte de dialogue, cochez (ou non) l'option ***Créer une copie***. Sous l'invite ***Dans le classeur***, activez la flèche de choix et sélectionnez le *classeur de destination* préalablement ouvert (ou bien, nouveau classeur s'il s'agit d'un classeur vierge).

Performance 2

Écrire dans les cellules

L'essentiel à maîtriser pour écrire dans une cellule

15. Saisir des données dans une cellule (texte, valeur, date...)

Sous Excel, et par défaut, le format Standard s'applique à toutes les cellules. Certaines peuvent pourtant modifier le format automatiquement. C'est le cas du format Date qui s'applique quand il reconnaît la saisie des séparateurs.

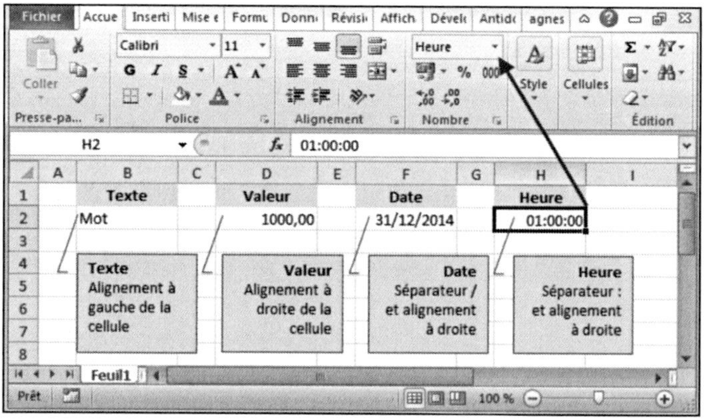

- Le *texte* s'aligne toujours par défaut à gauche de la cellule active.
- Les *valeurs* (nombres, chiffres...) s'alignent toujours à droite des cellules.
- Le séparateur des dates est la *barre de fraction* ou le *tiret du six* (ou le signe *moins*).
- Le séparateur des heures est le signe *deux-points*.

Bon à savoir

Pour modifier le format d'une ou plusieurs cellules, la ou les sélectionner et cliquer sur la flèche de choix de l'icône ***Format de nombre*** (sous l'onglet ***Accueil*** et le groupe ***Nombre***).

16. Modifier le format des cellules

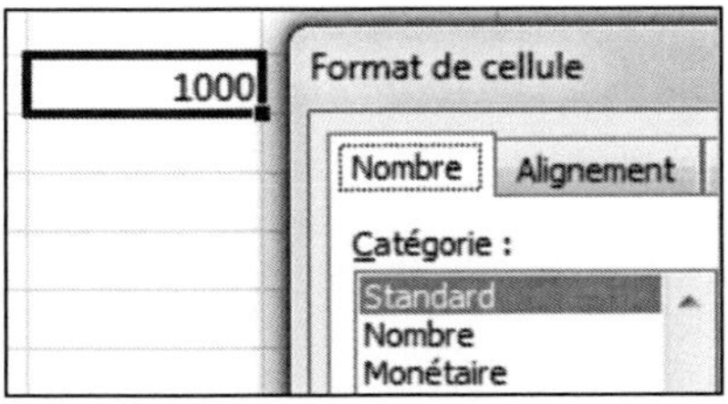

Vous devez changer, en cours de saisie, le format d'une cellule (par exemple, lui affecter un format Date, créer un format spécifique…) ? Utilisez le menu contextuel !

Placez-vous dans la cellule dont le format doit être modifié, cliquez sur le bouton droit de la souris. Une barre d'outils et un menu contextuel s'affichent. Sélectionnez l'option ***Format de cellule*** pour ouvrir la boîte de dialogue du même nom. Ouvrez l'onglet ***Nombre***, sélectionnez, dans la zone ***Catégorie***, le format de votre choix, sélectionnez un ***Type*** puis validez en cliquant sur le bouton ***OK***.

17. Insérer dans une cellule Excel des données listées

Vous souhaitez copier-coller sous Excel du texte présent sous Word ou sous PowerPoint. Lors de la copie, Excel crée une ligne par « paragraphe ». Découvrez comment intégrer l'information dans une seule cellule.

Sous Word ou PowerPoint, sélectionnez le texte puis copiez-le (***Ctrl C***). Sous Excel, placez-vous dans la cellule de destination et appuyez sur la touche de fonction ***F2*** (présente au-dessus de votre clavier alphabétique). Ensuite, collez le texte à l'aide du raccourci ***Ctrl V***.

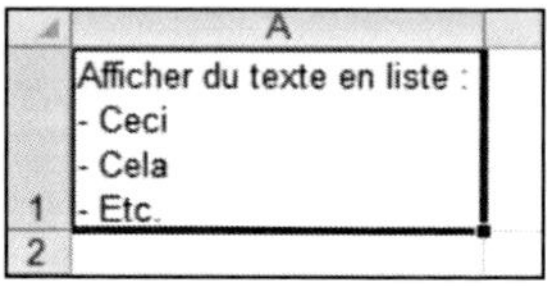

Bon à savoir

En saisie directe, et pour présenter du texte sur plusieurs lignes dans une même cellule, appuyer sur les touches ***Alt Entrée*** pour aller à la ligne dans la cellule.

18. Mélanger valeur et texte dans une cellule et autoriser les formules

Vous le savez peut-être : une cellule contenant un nombre et du texte ne pourra jamais être reconnue dans une formule. Pour les mélanger, il faut... ruser !

Sélectionnez la ou les cellules destinées à recevoir une valeur et du texte. Activez, sur le *Ruban*, l'onglet ***Accueil*** puis repérez le groupe ***Cellule***. Ici, activez la flèche de choix de l'icône ***Format*** puis sélectionnez l'option ***Format de cellule***... Une fenêtre du même nom s'affiche, cliquez sur l'onglet ***Nombre***. Dans la zone ***Catégorie***, cliquez sur l'option ***Personnalisée*** puis inscrivez dans la zone ***Type*** la formule suivante : # ###0" ***commentaire***" (remplacez *commentaire* par le terme de votre choix). Cliquez sur le bouton ***OK*** pour fermer la fenêtre. Le texte apparaît à droite du nombre, mais il est invisible sur la *barre de formule*. Vous pourrez donc inclure cette cellule dans une formule de calcul.

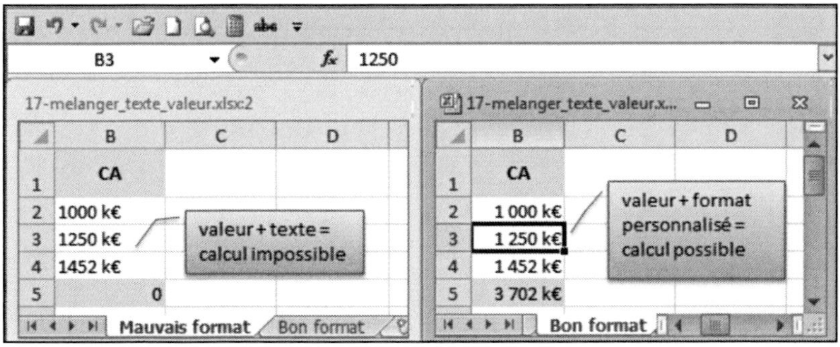

Décryptage de l'image « Bon format »

- Les cellules B2, B3 et B4 contiennent juste des valeurs. Le format personnalisé ajoute la mention k€.
- La cellule B4 accueille une formule de calcul (visible sur la *barre de formule* sans le commentaire associé).

19. Ajouter un commentaire à une cellule

Une cellule exige un complément d'information ? Affichez vos explications.

Sélectionnez la cellule à commenter puis cliquez sur le bouton droit de la souris. Là, choisissez l'option ***Insérer un commentaire***, complétez la zone qui s'affiche puis cliquez sur la feuille de calcul pour fermer cette zone.

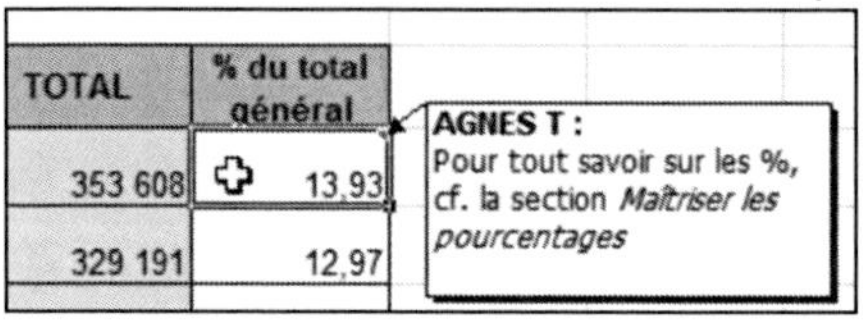

Bon à savoir
Le commentaire reste invisible ? Ou bien, il masque quelques cellules ? Cf. astuce n° 6 *Personnaliser l'affichage des commentaires.*

20. Commenter ou expliciter une formule

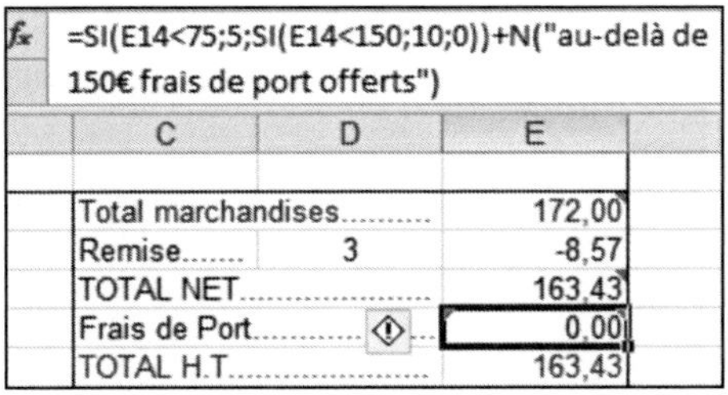

Si l'option Insérer un commentaire, disponible sur chaque cellule par un simple clic droit, est fort utile, découvrez comment ajouter vos commentaires à la suite d'une formule !

Ajoutez, à la fin de la formule, +N("commentaire"). Vous obtiendrez, par exemple, =formule+N("au-delà de 150€ frais de port offerts").

Bon à savoir
Pour tout savoir sur les formules conditionnelles (SI), cf. section *Découvrir et utiliser les fonctions conditionnelles* (astuces n° 60 à 64).

21. Ajouter des commentaires pour guider la saisie

Une ou plusieurs personnes seront amenées à saisir des données dans un fichier Excel ? Affichez un message pour les guider.

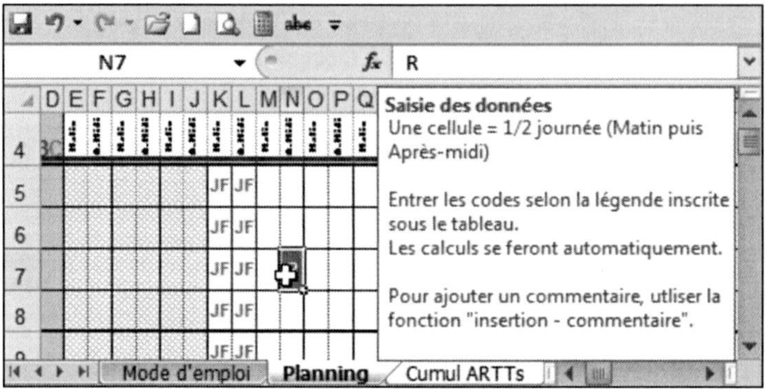

Sélectionnez la ou les cellules où l'affichage d'un message serait utile. Activez, sur le *Ruban*, l'onglet ***Données*** puis repérez le groupe ***Outils de données***. Activez la flèche de choix de l'icône ***Validation des données*** puis sélectionnez l'option ***Validation des données***... Dans la fenêtre éponyme (même nom), activez l'onglet ***Message de saisie*** puis cochez l'option ***Quand la cellule est sélectionnée***. Nommez le message dans la zone ***Titre*** puis insérez le message dans la zone ***Message de saisie***. Validez en cliquant sur le bouton ***OK***.

Saisir (ou automatiser la saisie) des données

22. Continuer une suite logique (poignée de recopie)

Certaines suites de données sont longues et fastidieuses à saisir… Excel peut terminer les listes à votre place !

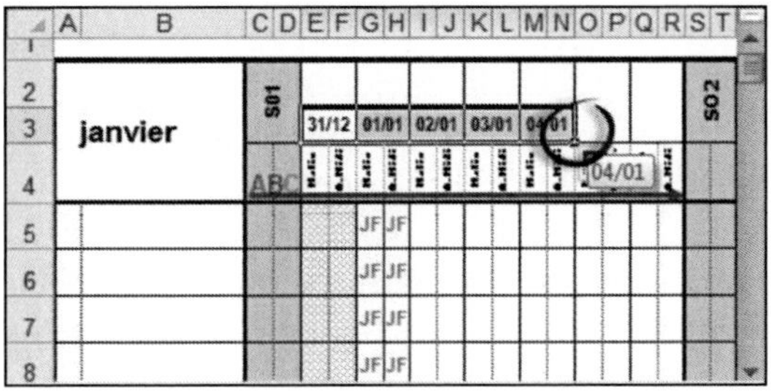

Inscrivez dans deux cellules contiguës (verticalement ou horizontalement) les premiers éléments de la saisie (par exemple, deux dates). Sélectionnez les cellules et pointez la poignée de recopie située à l'angle inférieur droit de la sélection. Le pointeur de votre souris se change en croix. Cliquez sur le bouton gauche de la souris et maintenez-le enfoncé. Glissez votre souris vers la droite (ou vers le bas si la recopie est verticale). Relâchez le bouton de votre souris pour arrêter la recopie.

23. Personnaliser une suite automatique

Vous voulez créer une liste de fournisseurs, de salariés, pour les rappeler à d'autres occasions ?

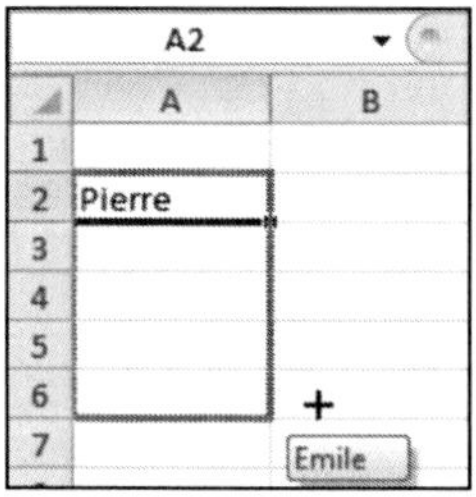

Sélectionnez une de vos listes dans un fichier Excel, activez l'onglet ***Fichier*** puis cliquez sur l'option ***Options***. La boîte de dialogue ***Options Excel*** s'affiche. Cliquez sur ***Options avancées*** puis repérez la zone ***Général***. Au regard de l'invite ***Créez des listes à utiliser lors des tris et dans les séquences de remplissage***, cliquez sur le bouton ***Modifier les listes personnalisées***. La boîte de dialogue ***Listes pers.*** s'affiche. Cliquez sur le bouton ***Importer***. La liste s'affiche dans la zone ***Entrées de la liste***. Cliquez sur le bouton ***OK*** puis fermez la fenêtre ***Options Excel***.

Pour utiliser cette nouvelle liste, saisissez le premier nom de la liste, sélectionnez la cellule et glissez la poignée de recopie vers le bas ou vers la droite. Les données s'affichent !

24. Lier des données entre elles (feuilles ou classeurs)

Le contenu d'une ou plusieurs cellules doit toujours rester identique sur plusieurs feuilles ou classeurs d'Excel ? Liez les cellules entre elles à l'aide d'une formule.

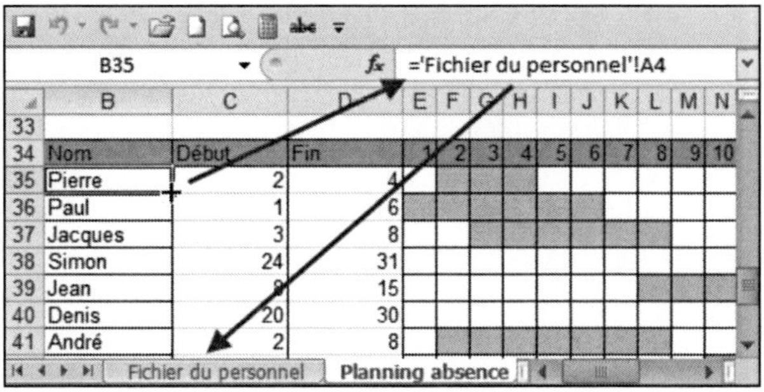

Pour créer la liaison, placez-vous dans la cellule de destination (là où le lien doit être créé), saisissez le signe = et cliquez sur la cellule source, puis appuyez sur la touche ***Entrée*** de votre clavier.

Attention !

La mise à jour de la *cellule source* activera la mise à jour de la *cellule de destination* : pour les modifications, mais aussi en cas de suppression. Pour information, la *cellule source* peut être située sur la même feuille, dans une autre feuille de ce même classeur, ou bien dans un autre classeur.

25. Effectuer une somme de regroupement

Imaginez un classeur où, sur plusieurs feuilles, ont été saisies au même endroit des valeurs (ex. : résultat 1er trimestre en B2 feuille1, résultat 2e trimestre en B2 feuille2, etc.). Découvrez comment cumuler rapidement ces valeurs pour obtenir le total annuel.

Vérifiez l'emplacement des valeurs à cumuler (toutes doivent se trouver dans la même cellule sur chaque feuille). De même, toutes les feuilles doivent se suivre. Cliquez dans la *cellule de destination* (ex. : sur feuille *Total*, la cellule B2). Saisissez la syntaxe **=somme(** puis sélectionnez, dans la première feuille, la première cellule à additionner (ici, **=somme('T1!B2** s'affiche). Appuyez sur la touche ***Shift*** du clavier (également appelée ***Maj***). Cliquez sur la cellule de la dernière feuille. Qu'il y ait 10, 20 ou 30 feuilles, Excel les prend toutes. Appuyez sur la touche ***Entrée*** du clavier. Le cumul s'affiche dans la cellule de destination et la formule **=somme('T1:T4'!B2)** s'affiche dans la barre de formule.

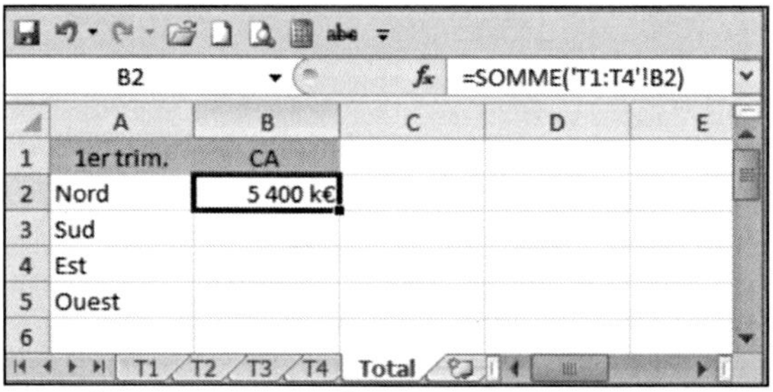

Bon à savoir
L'ajout d'une nouvelle feuille, entre la première et la dernière feuille, mettra à jour la formule de regroupement.

26. Agir sur plusieurs feuilles en même temps (groupe de travail)

L'un de vos classeurs possède plusieurs feuilles identiques et vous voulez corriger une ou des informations en une seule fois ? Regroupez les feuilles !

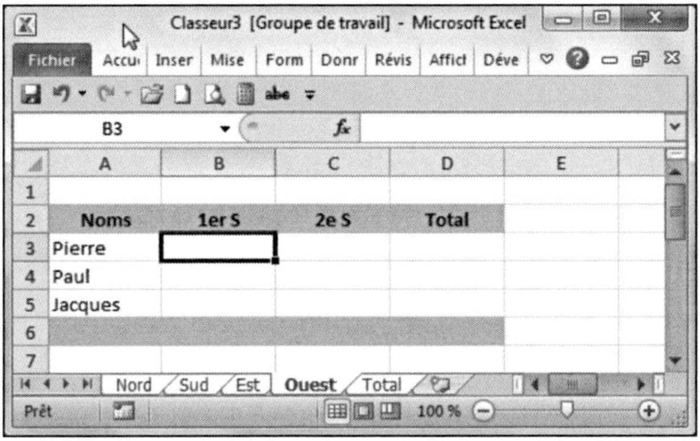

Sélectionnez un onglet, cliquez sur le bouton droit de la souris et choisissez l'option ***Sélectionner toutes les feuilles***. La mention ***Groupe de travail*** s'affiche en haut de l'écran, à droite du nom de votre fichier.

Apportez le correctif (texte, mise en forme, etc.).

Pour fermer le ***Groupe de travail***, double-cliquez sur une feuille au hasard. Ou bien, faites un clic droit sur l'onglet d'une feuille et cliquez sur l'option ***Dissocier les feuilles***.

Bon à savoir

Cette technique permet également de créer ou de mettre à jour des tableaux identiques sur plusieurs feuilles ! Ou de mettre en forme les ***En-têtes*** et les ***Pieds de page***.

Pour agir sur un nombre de feuilles déterminé (deux, trois) : sélectionner la première, appuyer sur la touche ***Ctrl*** du clavier, la maintenir enfoncée et cliquer sur la ou les autres feuilles à sélectionner.

Performance 3

Écrire et calculer des dates ou des heures

L'essentiel à savoir pour mettre en forme des heures

27. Mettre en forme des heures

La saisie des heures exige que l'on formate la cellule. Faute de quoi, tout calcul ultérieur sera impossible.

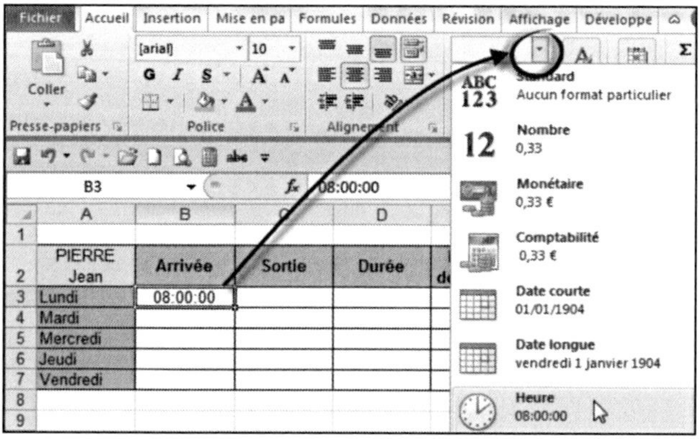

Sélectionnez les cellules destinées à accueillir des heures puis repérez, dans l'onglet ***Accueil***, le groupe de commandes ***Nombre***. Cliquez sur la flèche de choix de l'icône ***Format de nombre*** et sur l'option ***Heure 04:00:00***. Cliquez dans une cellule et saisissez une heure (ex. : 4). Appuyez sur la touche ***:*** (deux-points) du clavier alphabétique. Enfin, appuyez sur la touche ***Entrée*** du clavier. L'heure s'inscrit sous le format ***00:00:00*** (ex. : 04:00:00).

Bon à savoir

Quand on saisit dans une cellule un nombre d'heures (ex. : 4) et qu'on lui applique le format *Heure 00:00:00*, Excel efface la valeur saisie, affiche dans la cellule la mention *00:00:00* (heures, minutes, secondes) et inscrit sur la *barre de formule* la mention *04/01/1900 00:00:00*.

La solution : ressaisir l'heure (ou les heures) en utilisant la touche : (deux-points) comme séparateur. Ou bien, remplacer le format *Heure* par un format spécialisé (cf. ci-après).

28. *Utiliser le « bon » format heure*

Vous devez saisir des heures et les inclure dans des calculs ? Utilisez le format de cellule Heure.

Sélectionnez la ou les cellules dans lesquelles vous souhaitez saisir des heures inférieures à 24 h. Cliquez sur le bouton droit de votre souris, sélectionnez l'option ***Format de cellule*** et activez l'onglet ***Nombre***. Dans la zone ***Catégorie***, cliquez sur l'option ***Heure*** et choisissez un format (par exemple, ***13:30***) dans la zone ***Type***. Cliquez sur ***OK*** pour valider.

Avant d'additionner le total des heures, affectez à la cellule de destination le format spécialisé **[hh]:mm** pour autoriser l'insertion d'un total d'heures supérieur à 24 h. Pour cela, effectuez un clic droit sur la cellule puis ouvrez la fenêtre ***Format de cellule*** et l'onglet ***Nombre***. Ensuite, cliquez sur ***Personnalisée*** dans la zone ***Catégorie*** et inscrivez dans la zone ***Type*** la formule suivante : **[hh]:mm**. Ensuite, cliquez sur le bouton ***OK*** pour valider.

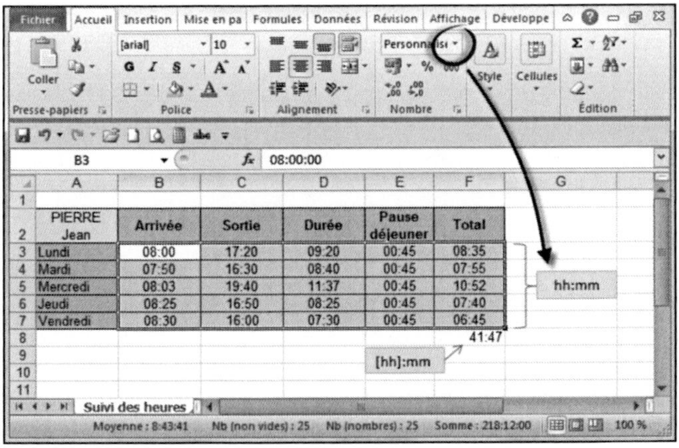

Bon à savoir
La saisie des heures oblige à séparer les chiffres avec la touche : du clavier alphabétique !

Écrire et calculer des heures

29. Arrondir l'heure au quart d'heure supérieur à l'aide d'une formule

La saisie des heures correspond aux heures réelles (7:59 ; 9:11), mais vous voulez arrondir le total au quart d'heure supérieur ? Plafonnez le résultat obtenu.

Placez-vous dans la cellule de destination, cliquez sur le signe = et saisissez, en l'adaptant, la formule **=PLAFOND(ref_cellule;"0:15")**. Une fois validée, la valeur saisie sera arrondie au quart d'heure supérieur.

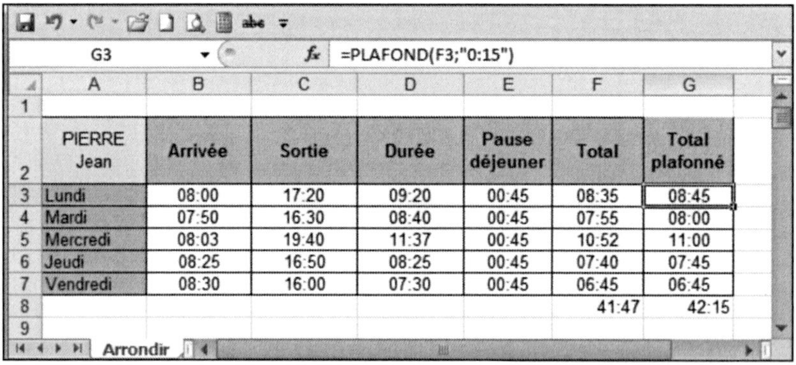

	A	B	C	D	E	F	G
1							
2	PIERRE Jean	Arrivée	Sortie	Durée	Pause déjeuner	Total	Total plafonné
3	Lundi	08:00	17:20	09:20	00:45	08:35	08:45
4	Mardi	07:50	16:30	08:40	00:45	07:55	08:00
5	Mercredi	08:03	19:40	11:37	00:45	10:52	11:00
6	Jeudi	08:25	16:50	08:25	00:45	07:40	07:45
7	Vendredi	08:30	16:00	07:30	00:45	06:45	06:45
8						41:47	42:15
9							

Bon à savoir
Pour arrondir à la demi-heure supérieure, remplacer 15 par 30 dans la formule. Par exemple : =PLAFOND(ref_cellule;"0:30").

30. *Saisir des fractions*

Excel transforme ¼ en 1er avril ? Avouez que ce 1 poisson » est plutôt agaçant !

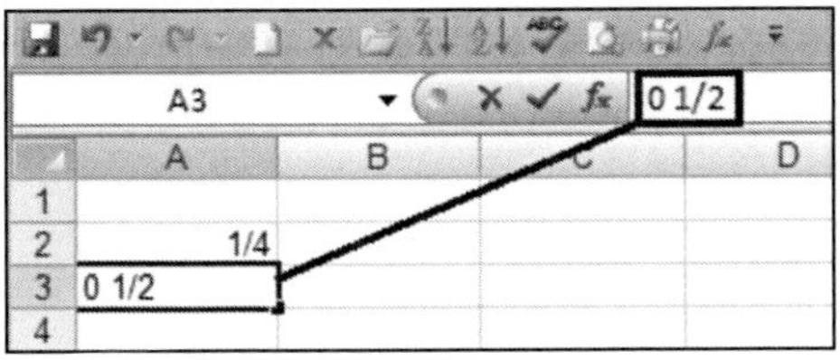

Pour éviter cet inconvénient, l'astuce est simple : il suffit d'ajouter *0* et ***espace*** devant la fraction. Par exemple ***0 ¼*** ou ***0 ½***. Excel affecte alors, de lui-même, le format nombre de type ***Fraction*** et autorise, de ce fait, les formules de calcul.

Bon à savoir
Excel transforme la saisie ¼ en 0,25 ; ½ en 0,5, etc.

31. Multiplier le temps passé par un taux horaire

Vous voulez connaître le coût exact du temps passé par des intervenants sur une mission précise ? Simplifiez-vous la vie !

D2 fx =(B2*C2)/"1:0"

	A	B	C	D
1	Intervenants	Temps passé (heures, minutes)	Coût horaire	Coût de la main d'œuvre
2	Paul SIMON	24:55	15,24 €	379,73 €
3	Jean DUVAL	2:35	35,45 €	91,58 €

Pour obtenir le coût précis de 24 h 55 mn de travail à 15,24 € de l'heure, remplacez le raisonnement [(24hx60m)+55m]/(15,24€/60m)=1 495m*0,254€=379,73€ par **=(temps_passé *coût_horaire)/**"**1:0**", ce sera nettement plus rapide !

Écrire et calculer des dates

32. *Utiliser/Modifier le format date*

Vous devez saisir des dates et les inclure dans des calculs ? Utilisez le format de cellule Date.

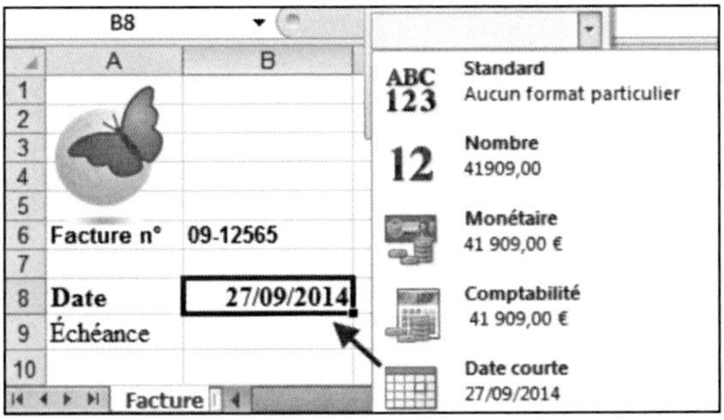

Sélectionnez la ou les cellules dans lesquelles vous souhaitez saisir des dates. Activez l'onglet ***Accueil*** du *Ruban* et repérez le groupe ***Nombre***. Activez la flèche de choix de l'icône ***Standard*** puis choisissez un format (ex. : ***Date courte*** ou ***Date longue***) et choisissez un format (par exemple, xx/xx/xxxx).

Bon à savoir
Pour choisir un format particulier (ex. : xx-mois-xx), cliquer sur l'option ***Autres formats numériques***. La boîte de dialogue ***Format de cellule*** s'affiche. Activer l'onglet ***Nombre*** puis cliquer sur ***Date***. Dans ***Type***, choisir un format.

33. Insérer automatiquement des dates

Deux formules permettent de saisir automatiquement la date du jour dans une cellule, ou dans une formule.

Saisir, dans une cellule, la formule ***=aujourdhui()***. Excel renvoie la date du jour. Pour obtenir la date du jour et l'heure, saisir ***=maintenant()***.

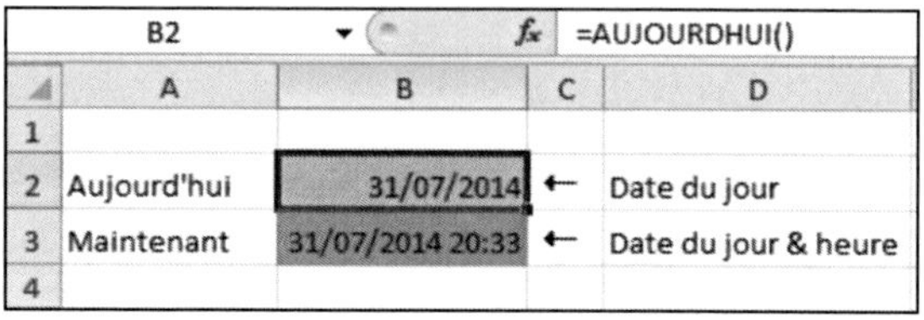

34. Calculer l'ancienneté d'un événement

Le fichier clients de votre entreprise contient la date de création de chaque compte et vous devez accorder une remise aux clients fidèles ? Calculez leur ancienneté en mois.

Ouvrez un fichier contenant des dates, placez-vous dans la cellule de destination et saisissez la formule **=DATEDIF(ref_cellule;AUJOURDHUI();"m")** en remplaçant **ref_cellule** par les références de la cellule se trouvant sur votre fichier.

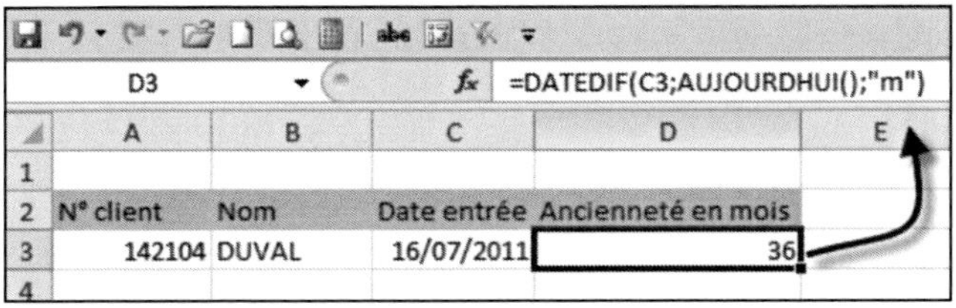

Bon à savoir
"y" calcule des années et "d" permet d'obtenir le nombre de jours écoulés.

35. Calculer une échéance

Toutes les factures doivent comporter la date limite de paiement... Pour l'ajouter, insérez une formule !

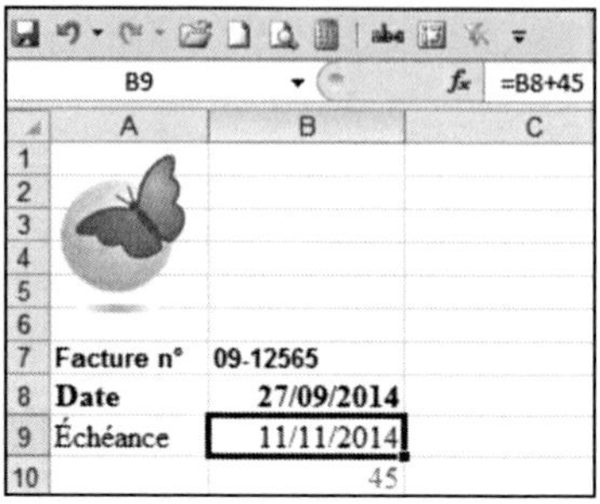

Saisissez le signe = dans la *cellule de destination* puis cliquez sur la *cellule source* (date de la facture). Ajoutez le signe + et saisissez le nombre de jours de votre choix (par exemple, +45). Vous obtenez **=ref_cellule+45**. Validez la saisie. L'échéance s'affiche dans la cellule de destination.

Bon à savoir
Pour vérifier une date d'échéance obtenue, utilisez la formule **=DATEDIF(B8;B9;"yd")**.

36. Créer un calendrier « intelligent »

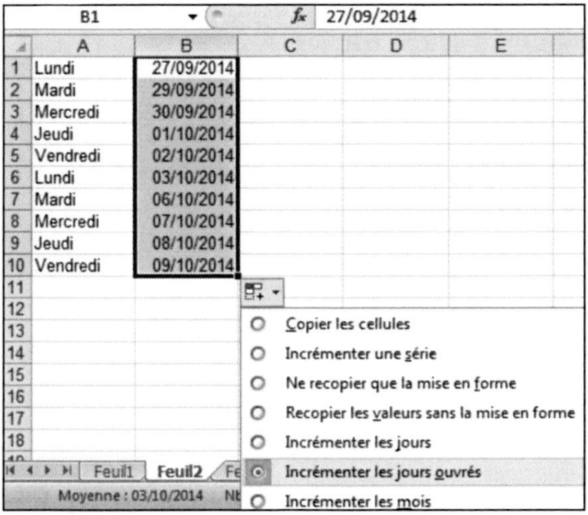

Vous devez préparer un planning. Découvrez comment recopier des listes de jours ouvrés...

Inscrivez les deux premières données de la série (par exemple : lundi mardi ; ou bien deux dates qui se suivent). Sélectionnez le début de la série, cliquez sur la poignée de recopie et glissez la série vers le bas (ou vers la droite). Cliquez sur l'icône qui s'est affichée à droite de la nouvelle série et cochez l'option ***Incrémenter les jours ouvrés***. Les samedis et les dimanches disparaissent de la liste... (y compris s'ils étaient en format ***Date***).

37. Interdire la saisie de dates incohérentes

Un formulaire doit être sécurisé pour éviter la saisie de toute pièce comptable hors période ? Interdisez la saisie des dates « hors limite » !

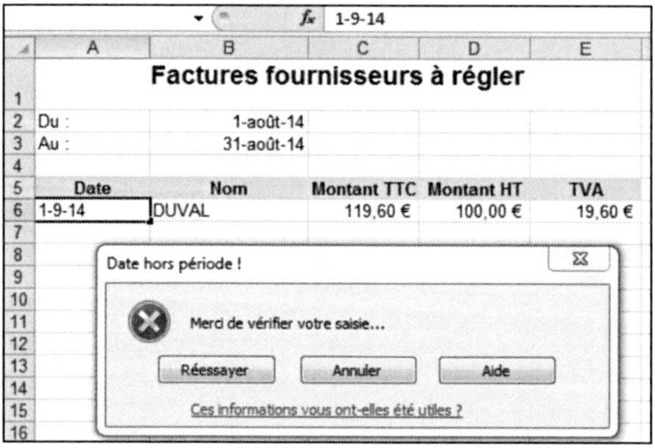

Inscrivez, au début de votre fichier et dans deux cellules séparées, les dates de la période à sécuriser. Activez, sur le *Ruban*, l'onglet ***Données*** puis repérez le groupe ***Outils de données***. Ouvrez la flèche de choix de l'icône ***Validation des données*** puis sélectionnez l'option ***Validation des données***... Dans la fenêtre portant le même nom, activez l'onglet ***Options***, cliquez sur la flèche de choix de la zone ***Autoriser*** et sélectionnez l'option ***Date***. Dans la zone ***Données***, choisissez l'option ***Comprise entre*** puis appuyez sur l'icône située à l'extrémité droite de la zone ***Heure de début***. Cliquez sur la cellule contenant la date de la première période (par exemple, B2 sur la photo ci-dessus) et appuyez sur l'icône située à l'extrémité de la zone de dialogue pour revenir à la fenêtre ***Validation des données***. Indiquez l'heure de fin en procédant de la même façon.

Pour personnaliser le message d'erreur, cliquez sur l'onglet ***Alerte d'erreur*** puis indiquez, dans la zone ***Titre***, le nom de l'alerte (par exemple, *Date hors période !*). Cliquez dans la zone ***Message d'erreur*** et saisissez votre commentaire. Validez en cliquant sur ***OK***.

Performance 4

Écrire des formules

L'essentiel à savoir pour écrire des formules

38. Additionner sans utiliser la formule =somme()

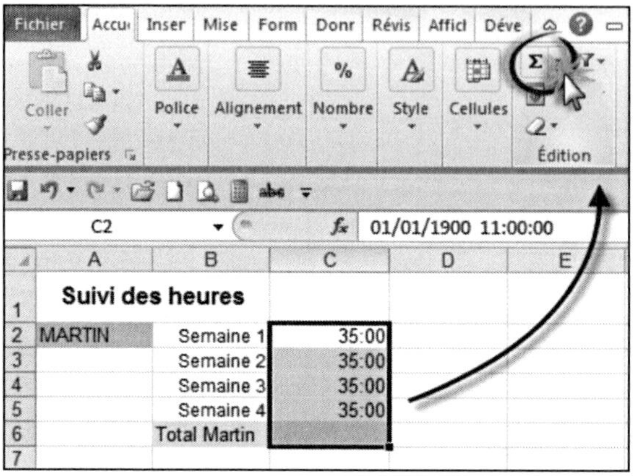

Vous êtes autodidacte ? Découvrez comment additionner des valeurs sans rédiger de formule...

Sélectionnez la plage de cellule contenant les données à additionner ; activez, sur le *Ruban*, l'onglet ***Formule*** puis repérez le groupe ***Bibliothèque de fonctions***. Là, cliquez sur l'icône ***Somme automatique*** $\sum$.

Bon à savoir

Il est également possible de se placer dans la *cellule de réception* de la formule puis de cliquer sur l'icône ***Somme automatique***.

39. Additionner des sous-totaux

Si vous travaillez sur un fichier structuré en plusieurs parties, le calcul des sous-totaux est quasi automatique.

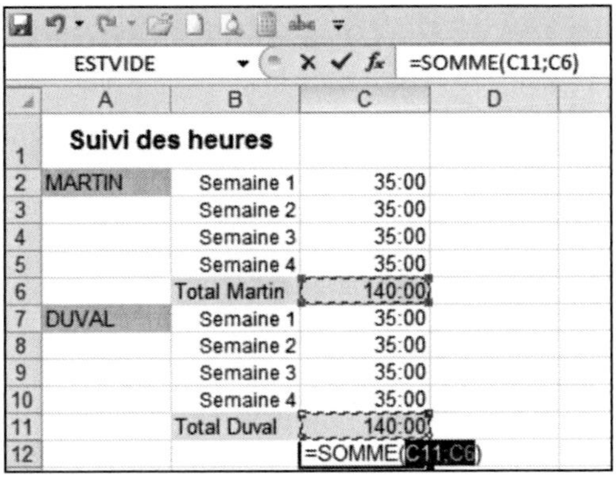

Organisez la saisie des données et préparez les sous-totaux (dans notre exemple, la cellule C6 contient l'addition C2:C5, etc.). Une fois les sous-totaux affichés, cliquez dans une cellule située sous le dernier sous-total et cliquez sur l'icône ***Somme automatique***. Le total des sous-totaux s'affiche. Les valeurs sont séparées par un point-virgule.

Bon à savoir
Ici, le format des cellules est de type [hh]mm (cf. astuce n° 28). Pour découvrir la fonction ***Sous-totaux*** dans une liste : cf. astuce n° 87.

40. Découvrir les opérateurs et l'ordre des calculs

F38 | =F36+F37

	D	E	F	G	H
32	**Sous-total**		**4040**	Additionner	=SOMME(F28:F31)
33	**Remise 10%**		404	Multiplier et Diviser	=F32*10/100
34	**Total HT**		3636	Soustraire	=F32-F33
35	**TVA**	5,50%	199,98	Multiplier	=F34*5,5%
36	**Total net TTC**		3835,98	Additionner	=SOMME(F34:F35)
37	**Acompte**		-1000	(valeur négative)	
38	**Montant du solde**		2835,98	Additionner	=F36+F37
39					

S'il existe des formules pour additionner, les soustractions, multiplications et divisions nécessitent l'emploi de touches du clavier. De préférence, utilisez les signes du pavé numérique (pour éviter les soucis liés à la touche MAJ du pavé alphabétique).

- Pour *additionner*, utiliser la touche ***plus*** du pavé numérique (si les cellules ne sont pas adjacentes).
- Pour *soustraire*, utiliser la touche ***moins*** du pavé numérique.
- Pour *multiplier*, utiliser la touche ***étoile***.
- Pour *diviser*, utiliser la touche ***barre de fraction***.

Attention !
Excel effectue les opérations en suivant un ordre précis (négation, pourcentage, exposant, multiplication, division, addition et soustraction...). Pour imposer vos propres ordres de calcul, il suffit d'ajouter des parenthèses.

C3 | =10*2+5

	B	C
2	Formule	Résultat
3	=10*2+5	25
4	=10*(2+5)	70
5	=(10*2)+5	25

Sans parenthèses, Excel effectue les opérations dans l'ordre suivant :

–	**Négation** (comme dans –1)
%	**Pourcentage**
^	**Exposant**
* et /	**Multiplication et division**
+ et –	**Addition et soustraction**
&	**Concaténation** de deux chaînes de texte
= < > <= >= <>	Les opérateurs de **comparaison**

Avec les parenthèses, on impose à Excel l'ordre des opérations :

=3*2+10 donne 16
=3*(2+10) donne 36

Utiliser quelques formules de statistique

41. Calculer une moyenne, un maximum ou un minimum

Vous souhaitez calculer le chiffre d'affaires moyen d'une série de données, son minimum ou son maximum ? Utilisez les formules MOYENNE, MIN et MAX.

- Calculer une moyenne

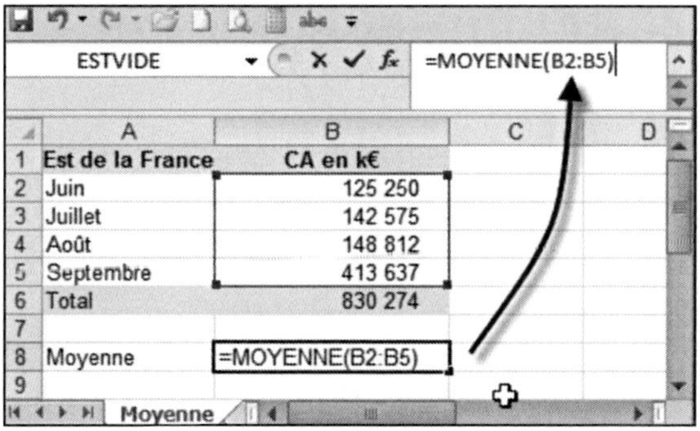

Cliquez dans la cellule de destination (dans notre exemple, la cellule B8) puis activez, sur le *Ruban*, l'onglet ***Accueil***. Repérez le groupe ***Édition*** puis cliquez sur la flèche de choix de l'icône ***Somme***. Sélectionnez l'option ***Moyenne***, par défaut, Excel sélectionne une plage de cellules.

Si la sélection de cellules proposée par Excel est juste, appuyez sur la touche ***Entrée*** de votre clavier.
Sinon, sélectionnez la plage de cellules de votre choix (dans notre exemple, la plage B2:B5). Si vous reproduisez notre exemple pour tester cette astuce, vous obtenez 207 569 euros et la formule =moyenne(B2:B6) est visible sur la barre de formule.

- Déterminer un minimum ou un maximum

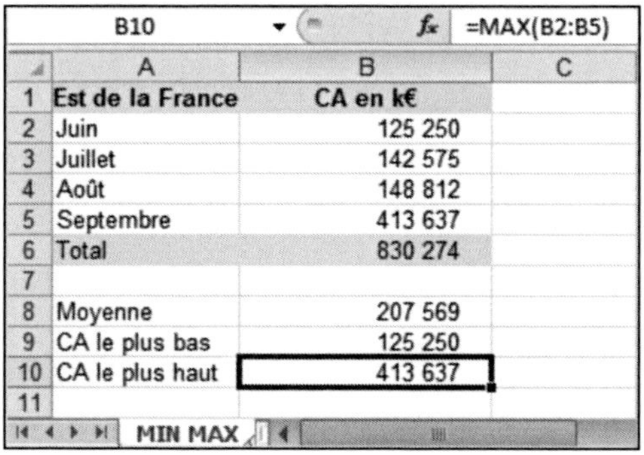

Utilisez la technique décrite dans la section ***Moyenne***, mais choisissez l'option ***Min*** pour isoler le chiffre le plus bas de la série, et/ou ***Max*** pour afficher le chiffre le plus haut. Pour information, les formules respectives seront, dans notre exemple, =min(B2:B5) et/ou =max(B2:B5).

42. Auditer des valeurs (Moyenne, Nb, Min, Max...)

Vous souhaitez auditer une série de données et isoler une information précise (total, moyenne, chiffre le plus bas, nombre de la série), sans écrire de formule ? C'est possible !

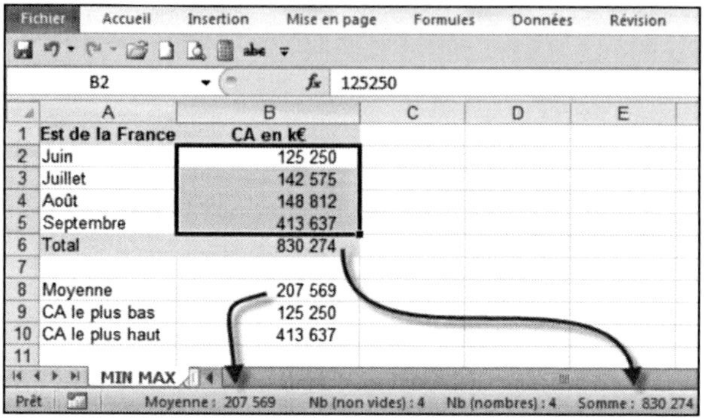

Ouvrez une liste des données (ou créez une liste d'au moins trois valeurs différentes). Sélectionnez la plage de cellules (ou la colonne) et repérez la barre d'état située au bas de votre écran (juste en dessous des onglets des feuilles). Pointez-la et cliquez sur le bouton droit de votre souris. Dans le menu contextuel qui s'affiche, sélectionnez l'option de votre choix (***Moyenne***, ***Nb***, ***Minimum***, ***Maximum***, ***Somme***).

Bon à savoir
Contrairement aux précédentes versions d'Office, tous les paramètres choisis s'afficheront sur la barre d'état.
Pour alléger l'affichage, sélectionnez uniquement les options dont vous avez besoin.

43. Classer les résultats (EQUATION.RANG)

Vous devez classer des résultats pour en faciliter l'analyse ? Utilisez la fonction EQUATION.RANG (exclusivité Excel 2010).

Cliquez dans la *cellule de destination* (C2 dans notre exemple), saisissez le début de la formule **=Equation.rang(** la syntaxe **=Equation. rang(nombre;référence;[ordre])** est visible sous la barre de formule.

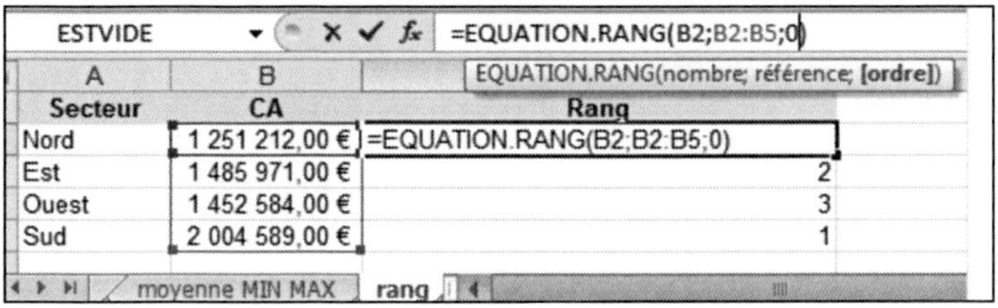

Ensuite :

- cliquez sur la première cellule à auditer (B2 dans notre exemple, correspondant à l'argument ***nombre***) ;
- ajoutez un point-virgule ;
- sélectionnez la plage à auditer (ici, B2 à B5, correspondant à l'argument ***référence***) ;
- ajoutez un point-virgule ;
- indiquez l'argument ***rang*** (0 pour classer en ordre décroissant ou 1 pour classer en ordre croissant) ;
- appuyez sur la touche ***Entrée*** du clavier pour fermer la parenthèse et valider la formule. Excel inscrit le rang dans la *cellule de destination* ;
- recopiez la formule vers le bas (cf. astuce n° 49 pour bloquer les références de la plage B2:B5).

Attention !

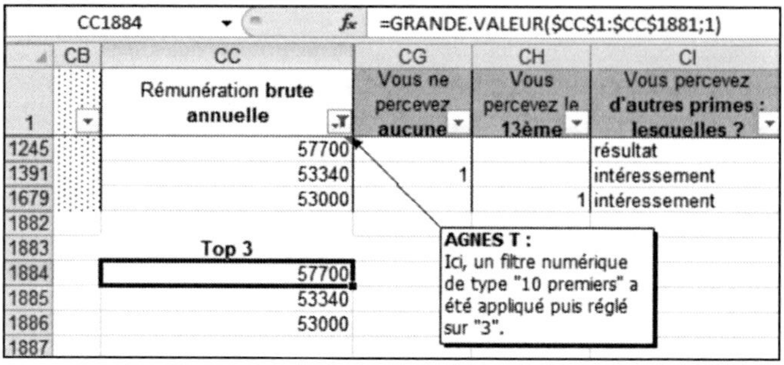

Si le fichier est partagé en compatibilité avec Excel 2007, la fonction **RANG** doit remplacer la fonction **EQUATION.RANG**. Les arguments sont les mêmes. Seul le nom change.

Bon à savoir

La formule **=GRANDE.VALEUR(plage_cellules;1)** affiche la plus grande valeur (correspond à =MAX). L'argument 1 remplacé par 2 affiche la 2e plus grande valeur, etc. D'où son intérêt pour effectuer un *Top 3*.

44. Compter le nombre de cellules présentes dans une série (NB & NBVAL)

Vous ne différenciez pas NB et NBVAL ? Découvrez leur utilité.

La fonction NB détermine le nombre de cellules d'une plage contenant des valeurs (et uniquement des valeurs ; attention, la valeur 0 est une valeur).

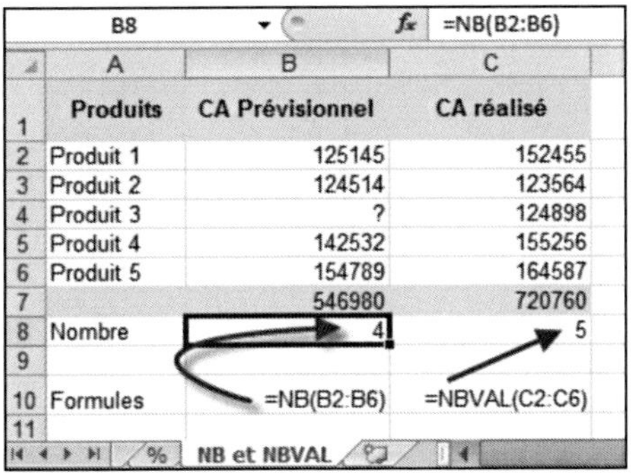

B8 | =NB(B2:B6)

	A	B	C
1	Produits	CA Prévisionnel	CA réalisé
2	Produit 1	125145	152455
3	Produit 2	124514	123564
4	Produit 3	?	124898
5	Produit 4	142532	155256
6	Produit 5	154789	164587
7		546980	720760
8	Nombre	4	5
9			
10	Formules	=NB(B2:B6)	=NBVAL(C2:C6)
11			

NB et NBVAL

La fonction NBVAL compte, dans une série, le nombre de cellules non vides. On l'utilise, par exemple, pour déterminer le nombre de personnes affectées à un projet, le nombre de produits vendus au cours d'une journée, etc.

La syntaxe des formules est : **=NB(plage de cellules)** et **=NBVAL(plage de cellules)**.

Écrire une suite de formules ou insérer des données externes

45. Écrire une formule imbriquée

Vous souhaitez imbriquer des opérateurs ou imbriquer des formules dans une même cellule pour gagner du temps ? Action !

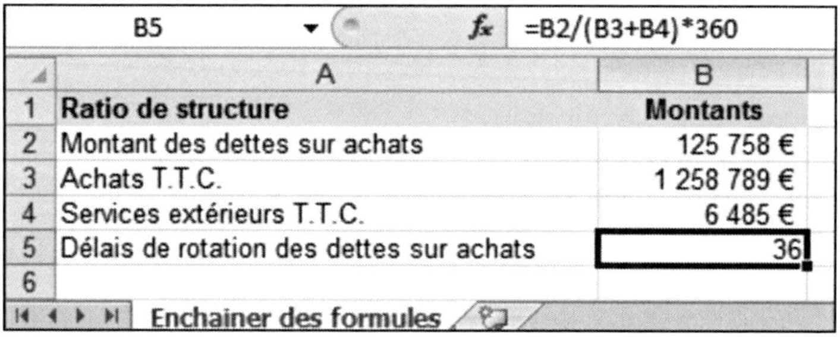
B5 | fx | =B2/(B3+B4)*360

	A	B
1	**Ratio de structure**	**Montants**
2	Montant des dettes sur achats	125 758 €
3	Achats T.T.C.	1 258 789 €
4	Services extérieurs T.T.C.	6 485 €
5	Délais de rotation des dettes sur achats	36
6		

Cliquez dans la *cellule de destination* (B5 dans notre exemple), saisissez le signe = puis ajoutez les éléments nécessaires au traitement de la formule. Pour isoler les calculs intermédiaires, utilisez des parenthèses.

Décrypter l'image : la somme inscrite en B2 doit être divisée par le total des cellules B3+B4 puis multipliée par 360 (nombre de jours dans une année).

46. Inclure des données externes dans une formule

Une formule doit faire référence aux contenus placés dans d'autres fichiers ou d'autres feuilles ? Découvrez comment les inclure dans vos calculs.

Sélectionnez la *cellule de destination,* saisissez le signe = puis cliquez sur la feuille qui contient les données. La mention **='nom de la feuille'!** est visible sur la barre de formule. Cliquez sur la cellule contenant les données. S'il le faut, ajoutez un autre calcul (***Addition***, ***Soustraction***, etc.). Appuyez sur la touche ***Entrée*** de votre clavier pour valider la formule. Excel revient dans la feuille de travail précédente et le résultat est visible dans la cellule de destination.

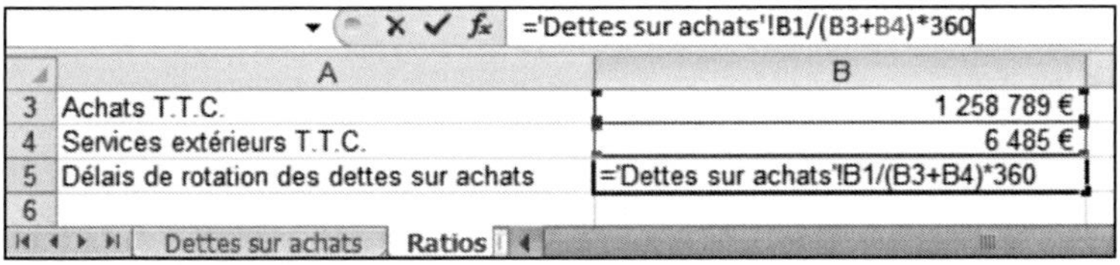

Décrypter l'image : la formule recherche, en premier lieu, la valeur inscrite en B1 sur la feuille « Dettes sur achats », ensuite, les arguments s'enchaînent de façon classique.

Bon à savoir
La technique pour afficher des données externes dans un autre classeur est identique. Pour faciliter la saisie : ouvrir les deux classeurs, activer les menus ***Fenêtres*** > ***Réorganiser*** et cocher l'option ***Vertical*** (ou ***Horizontal***).

Recopier des formules (relatives et absolues)

47. Recopier une formule « mobile » (valeur relative)

Une formule dont la structure est identique devra être adaptée sur plusieurs lignes ou plusieurs colonnes ? Laissez Excel la recopier en toute sécurité !

Sélectionnez la cellule contenant la première formule (G4 dans notre exemple), cliquez sur la poignée de recopie de la cellule et faites glisser votre souris vers le bas (ou vers la droite) pour étendre la série. Relâchez le bouton de la souris, la formule est recopiée. Les cellules sont incrémentées (ici, la plage de cellules C4:F4 est devenue C5:F5, puis C6:F6, etc.).

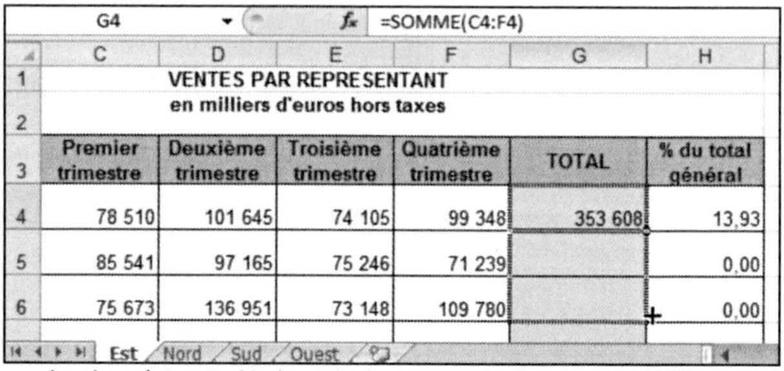
G4 =SOMME(C4:F4)

	C	D	E	F	G	H
1	VENTES PAR REPRESENTANT					
2	en milliers d'euros hors taxes					
3	Premier trimestre	Deuxième trimestre	Troisième trimestre	Quatrième trimestre	TOTAL	% du total général
4	78 510	101 645	74 105	99 348	353 608	13,93
5	85 541	97 165	75 246	71 239		0,00
6	75 673	136 951	73 148	109 780		0,00

Bon à savoir
Dans certains cas, un double-clic sur la poignée de recopie donne le même résultat (Excel s'arrête lorsqu'il n'arrive plus à effectuer le calcul).

48. *Recopier une formule contenant une cellule fixe (valeur absolue)*

Vous souhaitez recopier une formule, mais une des références doit rester fixe (figée).

Inscrivez la formule dans la cellule de destination puis sélectionnez, sur la *barre de formule*, les références de la cellule à bloquer (B1 dans notre exemple). Appuyez sur la touche de fonction ***F4*** située en haut de votre clavier (généralement au-dessus du chiffre 5). Le signe $ encadre les références de la cellule (dans notre exemple, B1 devient $B$1). Validez la formule et recopiez-la vers le bas ou vers la droite.

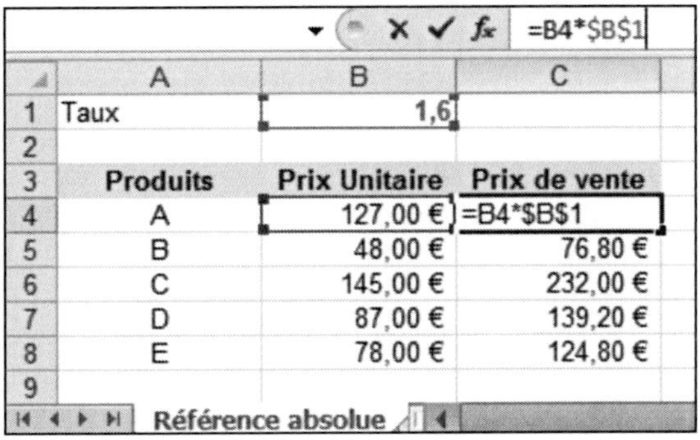

	A	B	C
1	Taux	1,6	
2			
3	Produits	Prix Unitaire	Prix de vente
4	A	127,00 €	=B4*$B$1
5	B	48,00 €	76,80 €
6	C	145,00 €	232,00 €
7	D	87,00 €	139,20 €
8	E	78,00 €	124,80 €
9			

Décrypter l'image : si l'on change la valeur inscrite en B1 (c'est-à-dire 1,6), toutes les sommes inscrites dans la colonne C vont être modifiées car la cellule B1 a été figée (valeur absolue $B$1).

Bon à savoir

- Pour bloquer une cellule (et rendre sa valeur absolue), retenez : **$A$1**.
- Pour bloquer la colonne mais pas la ligne : **$A1**.
- Pour bloquer la ligne mais pas la colonne : **A$1**.

$A1 et A$1 sont des cellules semi-relatives (ou semi-absolues).

49. *Affichez les formules à l'écran*

Vous voulez contrôler ou éditer les formules saisies sur un fichier Excel... Affichez-les à l'écran !

- **Pour afficher et éditer toutes les formules** Ouvrez un fichier contenant des formules, maintenez la touche ***Ctrl*** de votre clavier enfoncée et appuyez sur le caractère " (guillemet situé en dessous du chiffre 3, sur le pavé alphabétique). Toutes les formules s'affichent. Pour supprimer l'affichage des formules, appuyez à nouveau sur ***Ctrl***". Attention ! Ne confondez pas la touche ***Ctrl*** et la touche ***Alt***. Le raccourci ***Alt***" masque la ou les lignes sélectionnées !

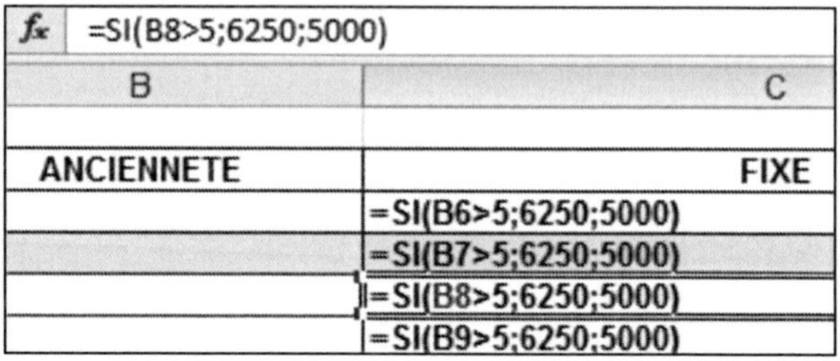

Bon à savoir
Il est également possible d'utiliser l'icône ***Afficher les formules*** de l'onglet ***Formules*** et le groupe ***Audit de formules***. Mais le raccourci clavier ***Ctrl***" est plus rapide.

- **Pour afficher une formule dans une (seule) cellule**

Placez-vous dans la cellule en question, la formule s'affiche dans la *barre de formule*. Cliquez devant la formule et ajoutez le caractère ' (apostrophe placée en dessous du nombre 4, sur le pavé alphabétique). La formule s'affiche. Pour afficher le résultat, ôtez le signe ' (apostrophe).

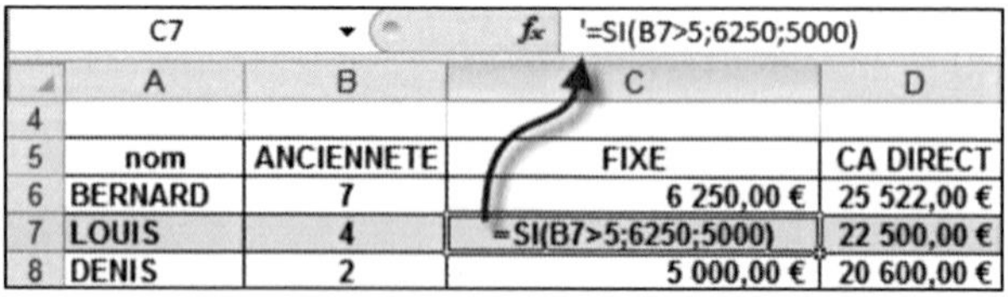

Bon à savoir
Cette astuce empêche le calcul de la formule ! Cependant, elle est très utile lorsque vous concevez une image destinée à illustrer un dossier de travail, par exemple. Ou bien, lorsque vous recherchez une erreur dans une formule.

Astuce

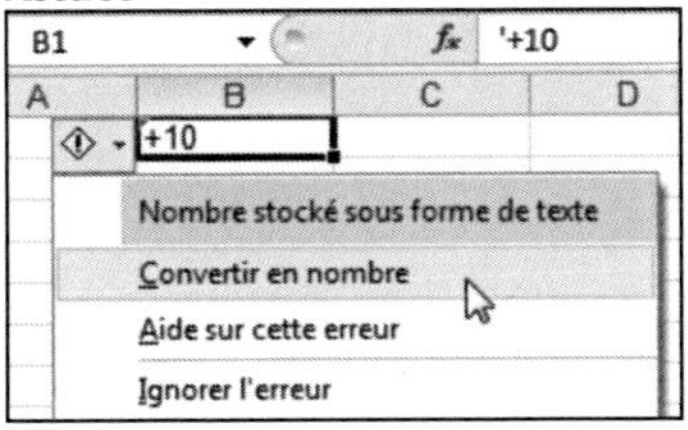

Dans toute cellule, la saisie du caractère ' (apostrophe) au début de la cellule force le format ***Texte***. S'il s'agit d'une valeur, Excel affiche un signet vert d'erreur dans l'angle supérieur gauche de la cellule ainsi qu'une icône. Pour repasser en format ***Nombre***, activer la flèche de l'icône et choisir l'option ***Convertir en nombre*** (cf. astuce n° 105).

Utiliser des outils d'analyse

50. Atteindre une valeur cible

Vous avez conçu sous Excel un tableau pour convertir les salaires bruts en salaires nets (Salaire net = salaire brut – 20 % de charges salariales). Découvrez comment atteindre un salaire net approximatif sans connaître le salaire brut.

Cliquez dans la cellule contenant votre formule *Salaire net approximatif* [dans notre exemple, la cellule H2 contient la formule =B1*20% et la cellule H3 contient la formule =(B1-B2)] puis activez, sur le *Ruban*, l'onglet ***Données***. Sous le groupe ***Outils de données***, activez la flèche de choix de l'icône ***Analyse de scénarios*** puis sélectionnez l'option ***Valeur cible...***

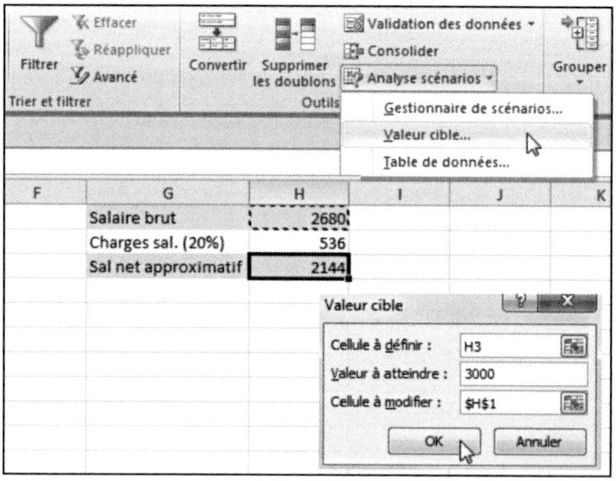

Dans la fenêtre ***Valeur cible*** qui s'affiche, vérifiez que la zone ***Cellule à définir*** contient bien les références de la cellule à définir (H3 dans notre exemple). Saisissez le montant recherché dans la zone ***Valeur à atteindre*** (3 000 dans notre exemple). Cliquez dans la zone *Cellule à modifier* puis sélectionnez, sur votre feuille Excel, la cellule contenant le *Salaire brut* (ici, H1). Excel transforme la cellule en valeur absolue $H$1. Cliquez sur ***OK*** pour lancer la recherche. La boîte de dialogue ***État de la recherche*** s'affiche. Cliquez sur le bouton ***OK***. La valeur à atteindre remplace désormais le montant brut initialement présent sur le fichier.

Bon à savoir
Pour découvrir la signification et l'utilité du signe $ placé devant une référence, cf. astuce n° 48.

51. Créer et utiliser un Gestionnaire de scénarios

Vous aimeriez emprunter 5 000 euros au taux de 5 %. Découvrez comment connaître le montant des remboursements mensuels en fonction de différentes durées de remboursement (ex. : douze, vingt-quatre ou trente-six mois).

- Étape 1 : préparer la situation de départ à l'aide de la fonction VPM

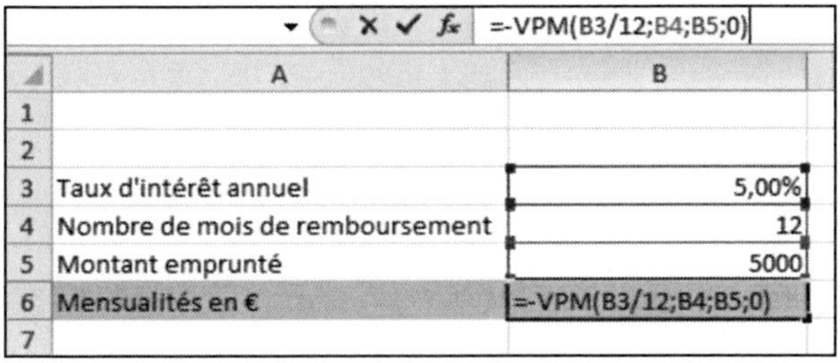

Reproduisez, sous Excel, l'exemple ci-après. Pour information, la formule VPM calcule le montant total de chaque remboursement périodique d'un investissement à remboursements et taux d'intérêt constants.

- Étape 2 : créer les scénarios

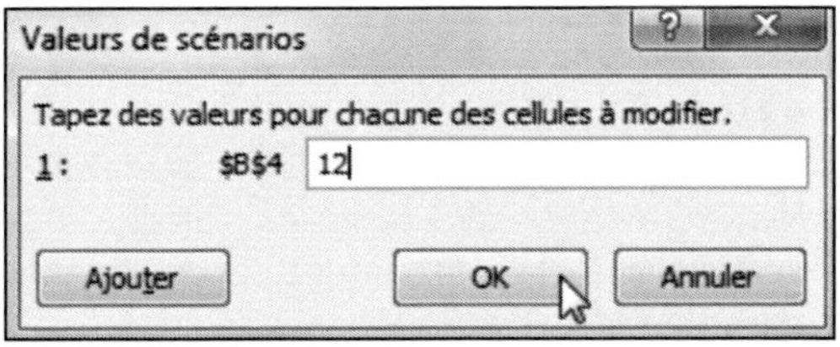

Activez, sur le *Ruban*, l'onglet ***Données***. Sous le groupe ***Outils de données***, cliquez sur l'icône ***Analyse de scénarios*** puis sur l'option ***Gestionnaire de scénarios***. La boîte de dialogue éponyme s'affiche. Cliquez sur le bouton ***Ajouter***. La boîte de dialogue ***Ajouter un scénario*** s'affiche. Nommez, dans la zone ***Nom du scénario***, votre première hypothèse (ex. : *deux ans*). Sous ***Cellules variables***, indiquez la cellule rattachée au scénario (ici, B4).

Le scénario a été nommé, la cellule variable a été indiquée. Cliquez sur le bouton ***OK***. La boîte de dialogue ***Valeurs de scénarios*** s'affiche. Remplacez la valeur d'origine par votre première hypothèse (ici, remplacez *12* par *24*) puis cliquez sur ***OK***.

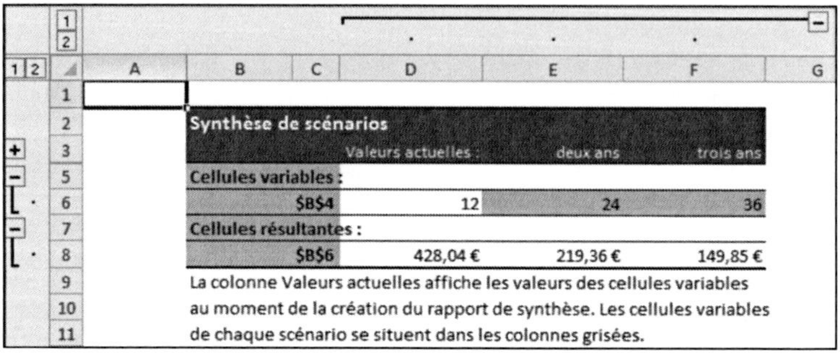

Synthèse de scénarios			
	Valeurs actuelles :	deux ans	trois ans
Cellules variables :			
$B$4	12	24	36
Cellules résultantes :			
$B$6	428,04 €	219,36 €	149,85 €

La colonne Valeurs actuelles affiche les valeurs des cellules variables au moment de la création du rapport de synthèse. Les cellules variables de chaque scénario se situent dans les colonnes grisées.

Ajoutez, de la même façon, le scénario suivant (ici, *trois ans* et *36 mois*). La boîte de dialogue ***Gestionnaire de scénarios*** s'affiche à nouveau. Elle contient vos scénarios. Remarquez au passage les boutons ***Supprimer***, ***Modifier***, ***Synthèse***. Passez à l'étape trois.

- Étape 3 : afficher la synthèse des scénarios

Cliquez sur le bouton ***Synthèse*** de la boîte de dialogue. La boîte de dialogue ***Synthèse de scénarios*** s'affiche, maintenez l'option ***Synthèse de scénarios*** cochée et cliquez sur le bouton ***OK***. Les scénarios s'affichent dans une feuille annexe.

Performance 5

Écrire des formules complexes

L'essentiel à savoir pour maîtriser les pourcentages

52. Déterminer le montant TTC à partir d'un montant HT

Vous devez ajouter la TVA à un montant HT pour obtenir son montant TTC.

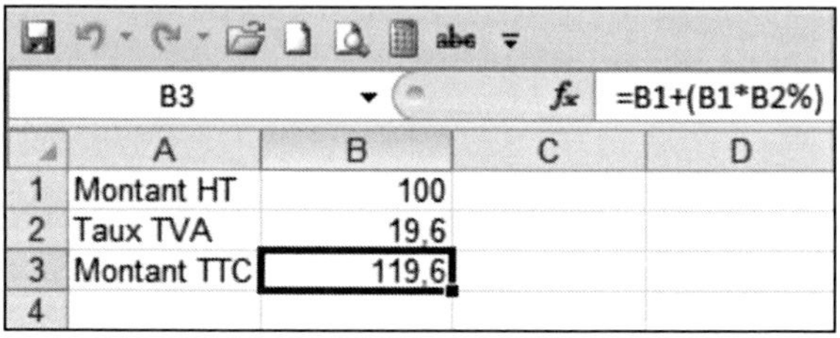

Adaptez la formule **=HT+(HT*taux_tva%)**.

Bon à savoir
Pour déterminer la valeur de la TVA d'un montant HT, appliquez la formule **=HT*TVA%**.

53. *Trouver un montant HT ou TTC*

Vous connaissez l'un des montants et vous devez trouver son inverse…

- **Déterminer le montant HT**

Appliquez une formule de type **=TTC/taux** (1,2 pour une TVA à 20 ; 1,055 pour une TVA à 5,5 % et 1,07 pour une TVA à 7 %). Par exemple, **=B1/1,2**.

- **Afficher le montant TTC** Appliquez une formule de type **=HT+(HT*TVA%)** ; Excel ajoutera le montant HT au montant de la TVA. Par exemple : **=E1+(E1*E2%)**.

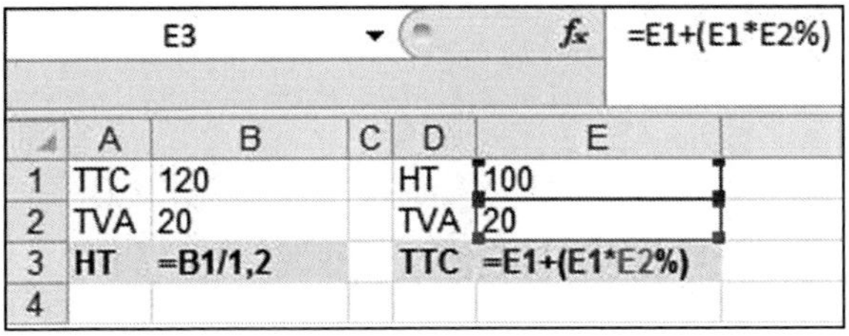

54. *Calculer un montant « avant remise »*

Un fournisseur affirme vous avoir offert une réduction de 8 %. Comment retrouver le montant initial ?

B3 ▾ fx =B1/(100-B2)%

	A	B
1	Montant **après** remise	120
2	Remise (en %)	8
3	**Montant avant remise**	**130,43**
4		10,43
5	*Contrôle : 130,43-8%=120*	
6		

Appliquez la formule **=montant après remise/(100-remise)%**. Par exemple : **=B1/(100-B2)%**.

Bon à savoir
La formule pour ôter 8 % au montant initial serait **=(montant_initial*taux)/100**.

55. Afficher la TVA sans indiquer le montant HT

Vous voulez inscrire la mention « dont TVA » sur un document sans entrer dans les détails...

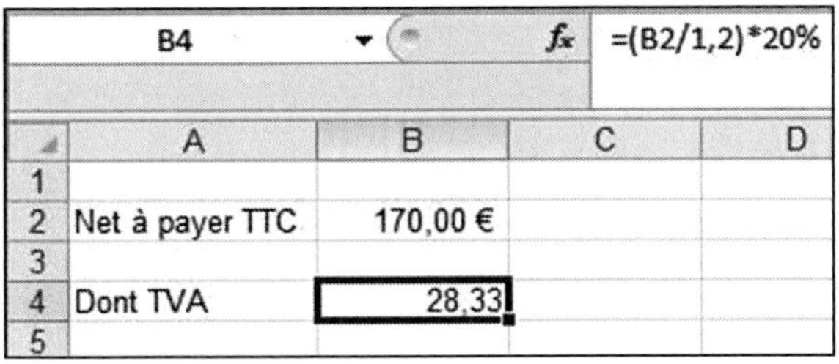

Cliquez dans la cellule de destination (B4 dans notre exemple), saisissez le signe = puis ouvrez une parenthèse. Cliquez sur la cellule contenant le montant *Net à payer TTC* (B2 dans notre exemple) puis divisez ce montant par ***1,2*** si la TVA est à 20 % (ou 1,055 si la TVA est à 5,5 %). Fermez la parenthèse puis multipliez le résultat isolé entre parenthèses par le taux de TVA applicable (20 dans notre exemple). Ensuite, ajoutez à la suite le caractère **%**. Validez en appuyant sur la touche ***Entrée*** du clavier. Le résultat s'affiche.

56. Afficher le pourcentage d'une série

Vous devez, dans une série, déterminer le pourcentage de chaque valeur par rapport au total.

Appliquez une formule de type **=valeurA/total de la série** puis appuyez sur l'icône **%** (onglet ***Accueil*** du *Ruban*, groupe ***Nombre***).

Décrypter l'image : =B2/$B$6 (B2 correspond à valeur A ; B6 correspond au total de la série). Pour recopier la formule vers le bas, bloquez les références de la cellule total de la série à l'aide du signe $ (cf. astuce n° 48).

C2 fx =B2/$B$6

	A	B	C	D
1	Secteur	CA	%	
2	Nord	1 251 212 €	20%	
3	Est	1 485 971 €	24%	
4	Ouest	1 452 584 €	23%	
5	Sud	2 004 589 €	32%	
6	Total France	6 194 356 €	100%	
7				

Bon à savoir
Pour ne pas afficher le signe % à droite du résultat, la formule est **=B2/$B$6*100**.

57. Calculer un pourcentage d'évolution

M. de la Palisse aurait pu le dire : « Soit on connaît la formule, soit on ne la connaît pas… » Quelle que soit votre réponse : « C'est le moment ou jamais ! »

C3 | =((B3/B2)-1)*100

	A	B	C	D
1	Mois	CA HT	% dévolution	
2	Janvier............	125 000	0,00	
3	Février............	142 762	14,21	
4	Mars...............	132 742	-7,02	
5	Avril................	152 956	15,23	
6				

Sélectionnez la cellule de destination puis saisissez, en l'adaptant, la formule **=((ref_cellule du mois actuel/ref_cellule du mois précédant)-1)*100**. Vous obtenez le pourcentage d'évolution de mois actuel par rapport au mois précédent. Ici, la formule est **=((B3/B2)-1)*100**.

Décrypter l'image : si X est égal au % d'évolution, alors 142762 = 125000*(1+(x/100)). Comme X est notre inconnu, nous ne pouvons pas l'indiquer dans la formule. Pour le trouver, il suffit de ranger les données de la façon suivante : **=((142762/125000)-1)*100**. Certes, c'est des maths. Mais l'essentiel est que ça marche !

58. Calculer un pourcentage (ex. : de pannes)

En de nombreuses occasions, il est nécessaire de définir le pourcentage de valeurs…

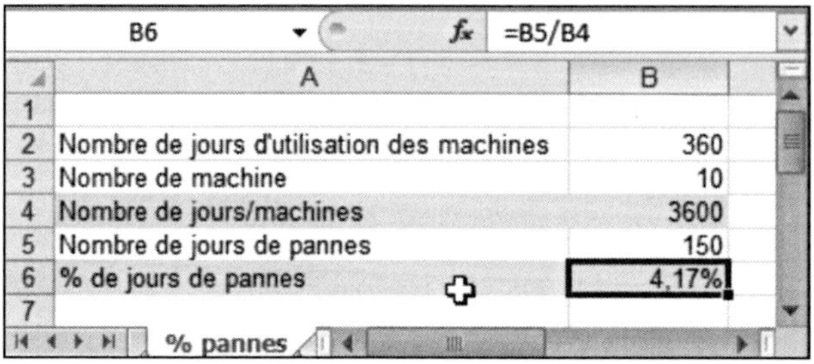

Dans cet exemple, le nombre de jours de pannes est divisé par le nombre de jours/machines. Le résultat s'affiche en valeur (ici, 0,0416667). Il suffit ensuite de cliquer sur l'icône % (sous ***Accueil*** > ***Nombre***), puis sur l'icône ***Ajouter une décimale***.

59. Cumuler une suite de pourcentages

Deux augmentations de salaire ont eu lieu cette année. La première fut de 10 %, la seconde de 5 %. Comment calculer l'augmentation annuelle ?

Une première méthode détermine l'augmentation en cascade. Dans l'exemple ci-après, on détermine en B5 l'augmentation de 10 % (valeur1+(valeur1*taux1)=valeur2. Ensuite, on applique à valeur2 l'augmentation de 5 % (valeur2+(valeur2*taux2)=valeur3.

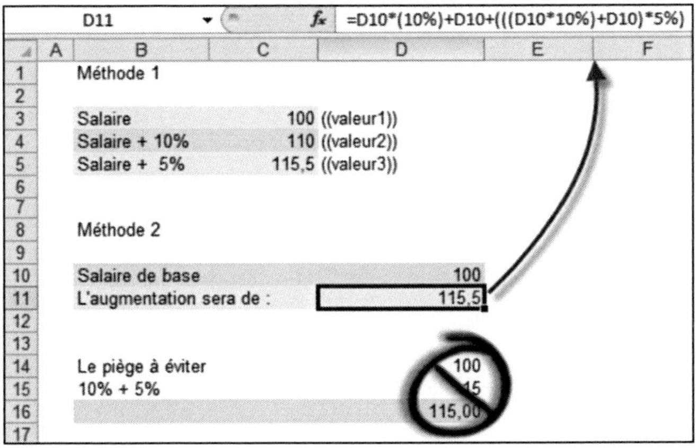

Une seconde méthode détermine en une seule fois les hausses successives. Ici, **=D10*(10%)+D10+(((D10*10%)+D10)*5%)**.

Découvrir et utiliser des formules conditionnelles (SI)

60. Écrire une formule conditionnelle SI

Vous voulez comprendre ou maîtriser les formules conditionnelles ? Découvrez le mécanisme qui les anime.

- Le raisonnement à connaître

Une fonction SI analyse des informations à partir d'un TEST LOGIQUE que vous lui donnez. Par exemple, elle contrôle si un montant est supérieur ou inférieur à un autre. **SI** le TEST LOGIQUE est vérifié ; **ALORS** Excel affiche l'information « A » qu'il appelle également valeur_si_vrai ; **SINON** il affiche l'information « B » appelée valeur_si_faux.

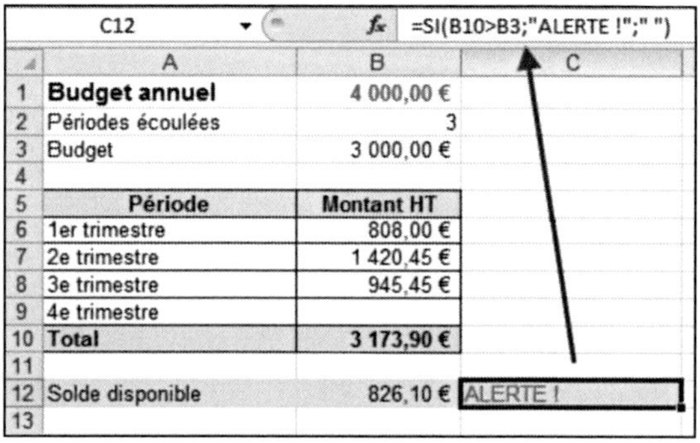

C12 =SI(B10>B3;"ALERTE !";" ")

	A	B	C
1	**Budget annuel**	4 000,00 €	
2	Périodes écoulées	3	
3	Budget	3 000,00 €	
4			
5	**Période**	**Montant HT**	
6	1er trimestre	808,00 €	
7	2e trimestre	1 420,45 €	
8	3e trimestre	945,45 €	
9	4e trimestre		
10	**Total**	**3 173,90 €**	
11			
12	Solde disponible	826,10 €	ALERTE !
13			

- Les détails techniques indispensables à connaître

* =SI démarre la formule.
* Les parenthèses ouvrent et ferment les conditions.
* Les points-virgules séparent les arguments de la formule =SI(test_logique;alors_valeur_si_vrai;sinon_valeur_si_faux).
* Les guillemets encadrent "les commentaires de type texte" ou un commentaire vide " ".
* Les espaces sont interdites (sauf à l'intérieur des guillemets " ").

- Deux exemples d'utilisation

* =SI(date_fin_cdi>aujourdhui-6;"Préparer documents fin de contrat CDI";" ")
* =SI(TVA=5,5;HT+(HT*5,5%);HT+(HT*19,6%))

61. Enchaîner des conditions SI

Vous devez écrire une condition avec plusieurs tests logiques. Enchaînez les SI.

Saisissez toute formule à plusieurs conditions en l'adaptant au raisonnement : **=SI(test_logique;alors;SI(test_logique;alors;SI(test_logique;alors;sinon)))**.

Décrypter l'image : **SI** la cellule B2 est égale à 4, **ALORS** Excel divise B1 par 4 ; **SI** B2 est égal à 3, **ALORS** il divise B1 par 4 et le multiplie par B2 ; **SI** B2 est égale à 2, **ALORS** il divise B1 par 4 et le multiplie par 2 ; **SINON** il affiche le contenu de la cellule B1.

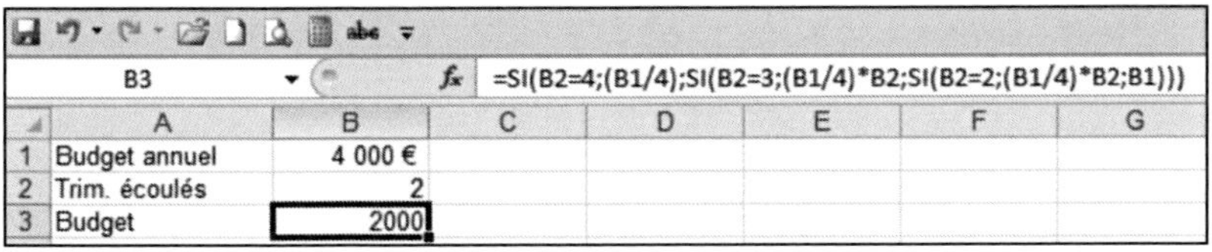
B3 fx =SI(B2=4;(B1/4);SI(B2=3;(B1/4)*B2;SI(B2=2;(B1/4)*B2;B1)))

	A	B	C	D	E	F	G
1	Budget annuel	4 000 €					
2	Trim. écoulés	2					
3	Budget	2000					

62. *Écrire une formule de condition SI ET*

Comment écrire une formule soumise à deux conditions : par exemple, accorder 5 % de remise à un client SI le montant de sa facture est supérieur à un montant donné ET s'il est client depuis un certain temps ?

- **Imbriquez les formules en suivant ce raisonnement :**
  * cliquez dans la *cellule de réception,*
  * ouvrez la double formule conditionnelle en saisissant **=SI(ET(**,
  * posez la première condition *(test_logique1),*
  * ajoutez un point-virgule et posez la seconde condition *(test_logique2),*
  * ajoutez un point-virgule puis saisissez la formule (ou le commentaire) correspondant à valeur_si_vrai (ALORS),
  * saisissez un point-virgule et posez le dernier argument : valeur_si_faux (SINON).

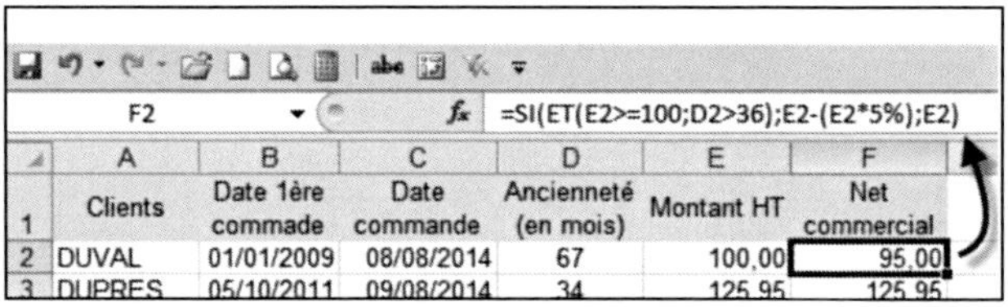

- **La formule type est donc :**
=SI(ET(test_logique1;test_logique2);ALORS_valeur_si_vrai;SINON_valeur_si_faux)).

Décrypter l'image : SI le montant HT est supérieur ou égal à 100 euros, ET la date d'ancienneté supérieure à 36 mois ; ALORS montant HT – 5 % ; SINON montant HT.

63. *Écrire une formule de condition SI OU*

Le résultat d'une analyse dépendra d'une condition OU d'une autre ? Rédigez une formule de sélection…

Dans l'exemple précédent, la remise était conditionnée par deux conditions solidaires. Maintenant, le client devra remplir au moins une condition pour obtenir une remise. Votre formule sera : **=SI(OU(test_logique1;test_logique2);ALORS_valeur_si_vrai;SINON_valeur_si_faux)**.

Décrypter l'image : SI le montant HT est supérieur ou égal à 100 euros, OU SI la date d'ancienneté est supérieure à 36 mois ; ALORS montant HT – 5 % ; SINON montant HT :
- le client DUVAL remplit une condition : réduction ;
- le client DUPRES remplit deux conditions : réduction ;
- le client LANGLOIS ne remplit aucune condition : pas de réduction.

F4 | =SI(OU(E4>=100;D4>36);E4-(E4*5%);E4)

	A	B	C	D	E	F
1	Clients	Date 1ère commade	Date commande	Ancienneté (en mois)	Montant HT	Net commercial
2	DUVAL	01/01/2009	08/08/2014	67	90,00	85,50
3	DUPRES	05/10/2011	09/08/2014	34	100,00	95,00
4	LANGLOIS	05/12/2011	12/08/2014	32	80,00	80,00
5						

64. Utiliser la fonction SI ESTVIDE

Dans les tableaux de suivi, il est fréquent de saisir les formules avant d'insérer les données. Lorsque les cellules impliquées dans le calcul sont vides, des messages d'erreur s'affichent.

- Avant

Le problème : les chiffres d'affaires de mai et juin n'ont pas été renseignés. Les cellules C6 et C7 contiennent des formules et Excel poursuit son raisonnement initial.

C6 fx =(B6/B5)-1

	A	B	C	D
1	**Mois**	**CA**	**%**	
2	Janvier	125 000 €	0,00	
3	Février	142 762 €	14,21%	
4	Mars	132 742 €	-7,02%	
5	Avril	152 956 €	15,23%	
6	Mai		-100,00%	
7	Juin		#DIV/0!	
8		553 460 €	#DIV/0!	
9				

Décrypter l'image : la cellule C6 appuie son raisonnement sur la cellule vide B6. Comme le CA de mai n'a pas été renseigné, elle trouve un pourcentage d'évolution de -100 %. En cellule C7, elle signale une erreur car les cellules B6 et B7 sont vides.

- **Après**

La fonction **SI(ESTVIDE(ref_cel.);** a été ajoutée devant la formule initiale. Elle repose sur le même raisonnement que la fonction SI classique **(SI;ALORS;SINON);**

Pour l'utiliser, il suffit d'ajouter devant vos formules classiques **=SI(ESTVIDE(ref.cellule);" ";**

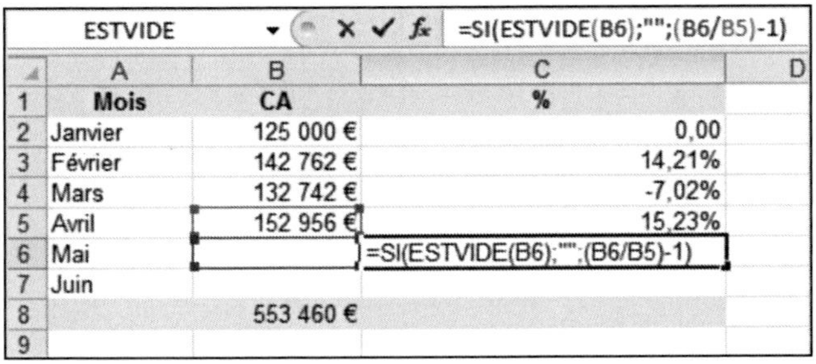

ESTVIDE | =SI(ESTVIDE(B6);"";(B6/B5)-1)

	A	B	C	D
1	Mois	CA	%	
2	Janvier	125 000 €	0,00	
3	Février	142 762 €	14,21%	
4	Mars	132 742 €	-7,02%	
5	Avril	152 956 €	15,23%	
6	Mai		=SI(ESTVIDE(B6);"";(B6/B5)-1)	
7	Juin			
8		553 460 €		
9				

Décrypter l'image : la cellule C6 observe B6, comme elle ESTVIDE, il ne fait rien. Dès que le CA de mai sera renseigné, Excel déterminera le pourcentage d'évolution entre mai et avril.

Bon à savoir

Dans les formules, le « vide » peut être matérialisé par deux guillemets contenant une espace " " ou deux guillemets sans espace "". Dans ce livre, l'espace est ajoutée pour plus de visibilité.

Utiliser des formules de recherche

65. Utiliser la fonction Choisir

Vous souhaitez conditionner l'affichage d'une information (ou d'un calcul) dans une cellule si Excel rencontre un code numérique inscrit dans une cellule de référence.

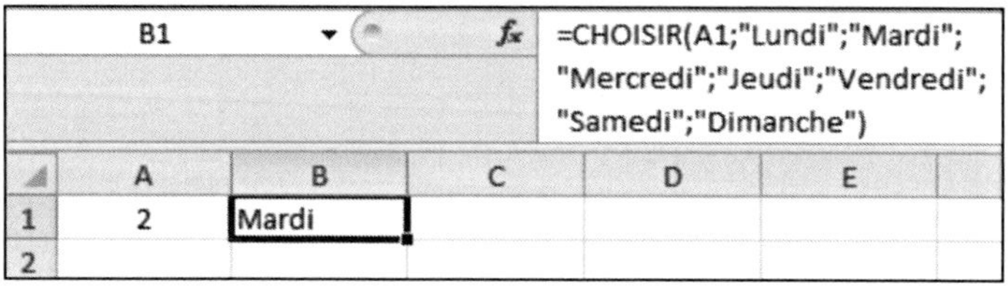

Pour écrire une formule de choix, appliquer la formule **=choisir(cellule_réf ;choix1,choix2 ;etc.)**.

Bon à savoir
Le résultat peut être un argument texte, une valeur ou une équation. Tout est possible. Seuls les arguments **Texte** s'écrivent entre guillemets.

66. Découvrir une formule de RECHERCHEV (V pour verticale)

Vous rêvez de créer un modèle de document capable de faire une partie de votre travail à votre place ? Par exemple, saisir le code d'un produit dans une facture type et afficher, automatiquement, ses références, sa désignation et son prix ? Découvrez la formule RechercheV.

- Le raisonnement à suivre

Une formule ***RECHERCHEV*** (1) rédigée dans un *fichier cible* (2) et une *cellule cible* (3) identifie en premier lieu le contenu (appelé aussi *valeur recherchée*) d'une *cellule clé* (4) de ce même fichier. Ensuite, elle reconnaît ce même contenu dans un *fichier source* (5) et une *zone de recherche* (6). Une fois le contenu de la *cellule clé* (7) identique trouvé dans les deux fichiers (*cible* et *source*), elle recherche l'information dans la *colonne de recherche* (8).

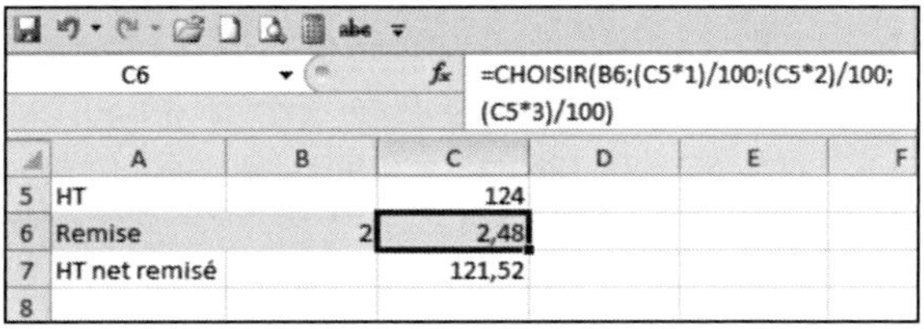

Fichier cible

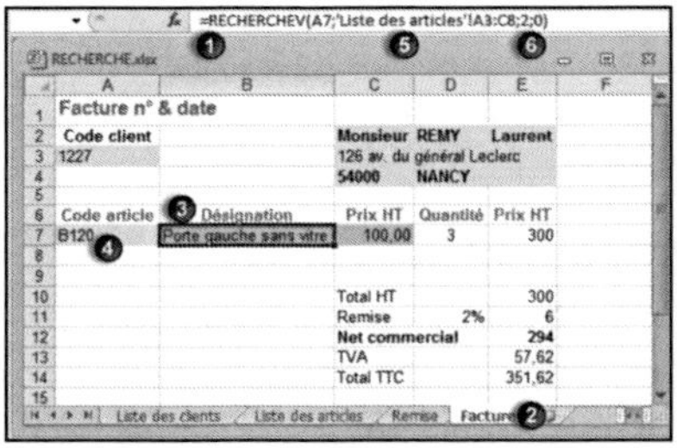

Fichier source

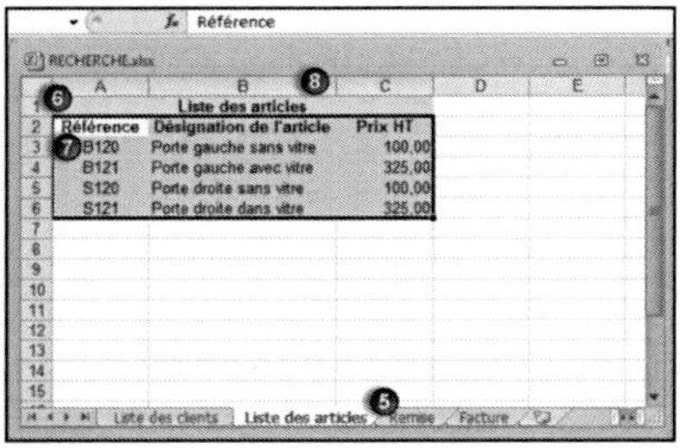

- Les détails techniques indispensables à connaître

* **=RECHERCHEV** débute la formule.
* Les parenthèses ouvrent et ferment la formule.
* Les points-virgules séparent les arguments de la formule **=RECHERCHEV(valeur_recherchée; zone_de_recherche;colonne_de_recherche;valeur_proche)**.
* Le nombre 0 (ou FAUX) représente la *valeur_proche* de type ***Correspondance exacte***. Le nombre 1 (ou VRAI) représente la *valeur_proche* de type ***Correspondance approximative***.

En « clair » : quand on cherche la valeur exacte, on choisit la *valeur_proche* de type FAUX (ou nombre 0).

67. Découvrir une formule RECHERCHEH (H pour horizontale)

Vous devez rechercher des informations saisies en ligne dans une autre feuille ou un autre fichier. Par exemple, afficher le montant des remises dans un fichier cible en fonction d'un taux prédéfini dans un fichier source ? Adaptez le raisonnement ci-après à vos besoins.

- Le raisonnement à suivre

Une formule ***RECHERCHEH*** (1) écrite dans un *fichier cible* (2) et une *cellule cible* (3) identifie en premier lieu le contenu (appelé aussi *valeur recherchée*) d'une *cellule clé* de ce même fichier (4). Ensuite, elle reconnaît ce même contenu dans un *fichier source* (5) et une *zone de recherche* (6). Une fois le contenu de la *cellule clé* identique trouvé dans les deux fichiers (*cible* et *source*), elle recherche l'information dans la *ligne de recherche* (7).

Fichier cible

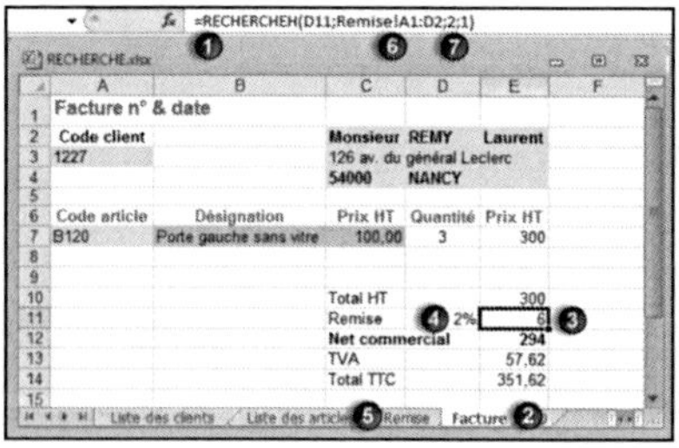

Fichier source

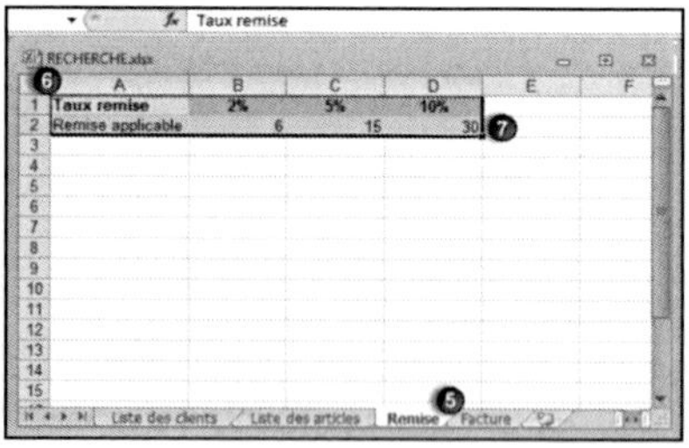

- Les détails techniques indispensables à connaître

* **=RECHERCHEH** débute la formule.
* Les parenthèses ouvrent et ferment la formule.
* Les points-virgules séparent les axes de la formule **=RECHERCHEH(valeur_recherchée; zone_de_recherche;ligne_de_recherche;valeur_proche)**.
* Le nombre 1 (ou VRAI) représente la *valeur_proche* de type ***Correspondance approximative***. Le nombre 0 (ou FAUX) représente la *valeur_proche* de type ***Correspondance exacte***.

Bon à savoir

La cellule recherchée dans le *fichier source* peut elle-même contenir une formule (sur l'image, la formule inscrite dans la cellule B2 de la feuille *Remise* recherche le montant HT sur la feuille *Facture* et lui applique 2 % de remise).

68. *Écrire une formule de RECHERCHE (V ou H)*

Pour écrire votre première formule de recherche, suivez ce pas-à-pas :

- ouvrez les fichiers à relier entre eux (par exemple, une *facture* et une *liste de clients*) ;
- cliquez, dans le *fichier cible* (1), dans la *cellule de destination* (2) et saisissez **=RECHERCHEV(** ;
- cliquez sur la cellule contenant la *valeur recherchée* (3) commune aux deux fichiers (par exemple : un *code client* ou un *code article*). Vous obtenez, par exemple, **=RECHERCHEV(A3** ;
- ajoutez un point-virgule ;
- cliquez sur l'onglet du *fichier source* (4) puis sélectionnez la *zone de recherche* (5). Vous obtenez, par exemple, **=RECHERCHEV(A3;'Liste des clients'!A3:G7** ;
- ajoutez un point-virgule et saisissez le *numéro de la colonne* (6) dans laquelle la recherche doit être effectuée (sachant que A=1, B=2, etc.) ;
- ajoutez un dernier point-virgule, saisissez le chiffre 0 (pour autoriser la recherche dans toute la colonne), puis fermez la parenthèse de la formule. Vous obtenez **=RECHERCHEV(A3;'Liste des clients'!A3:G7;2;0)**.

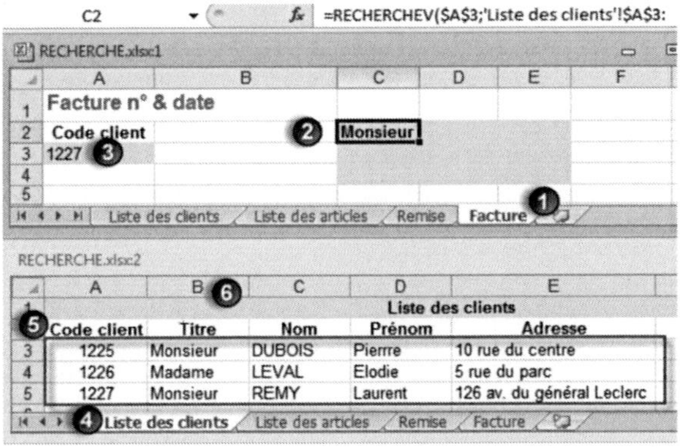

Bon à savoir
Pour écrire une formule RECHERCHEH, le principe est le même. Cf. astuce n° 67 pour suivre la formule type.

69. Recopier une formule de RECHERCHE (V ou H)

Pour gagner du temps et recopier une formule de RECHERCHE (V ou H) vers la droite ou vers le bas, procédez comme suit :

- Protégez les références des cellules fixes

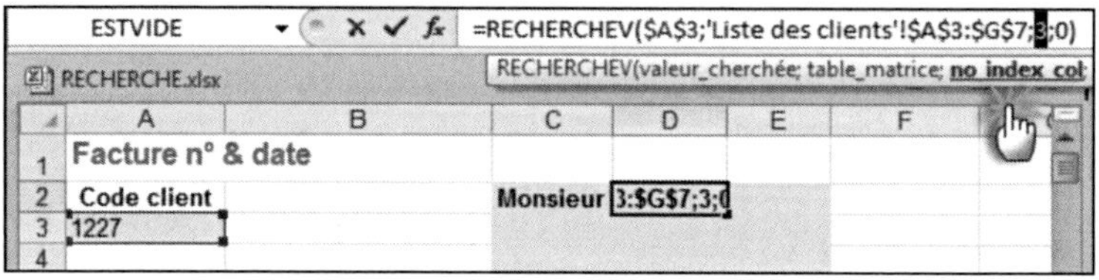

* Cliquez sur la cellule contenant la formule et sélectionnez la référence de la cellule sur la *barre de formule*.
* Bloquez la référence de la *cellule clé* (valeur_recherchée) avec le signe $ (cf. astuce n° 48).

- Recopiez et adaptez la formule

* Recopiez la formule à l'aide de la poignée de recopie (cf. astuce n° 22).
* Changez le numéro de la colonne (ou de la ligne) dans la formule.

Bon à savoir

Pour simplifier la sélection des données sources (plage de cellules), il est possible, avant de créer la formule de recherche, d'utiliser la fonction **Mettre sous forme de tableau** (cf. astuces n° 77 et 82). Elle est idéale pour nommer rapidement une plage de cellules associée à une formule (ici **Recherche**) ou à la fonction **Tableau croisé dynamique** (cf. astuces n° 93 à 96).

Performance 6

Maîtriser la mise en forme des cellules

L'essentiel à savoir pour mettre en forme une cellule

70. Mettre en forme les cellules

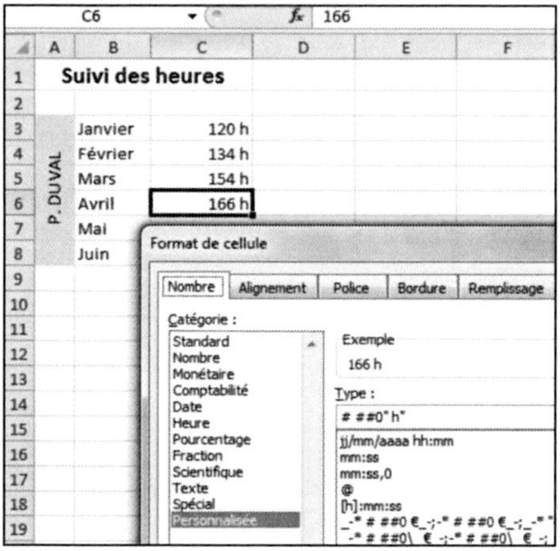

Connaissez-vous toutes les icônes de mise en forme d'Excel ? La version 2010 est riche de nouveaux outils très appréciables ! Pour les découvrir ou les redécouvrir, laissez-vous guider.

Sélectionnez une cellule contenant du texte ou une valeur puis activez, sur le *Ruban* Excel, l'onglet ***Accueil***. Repérez un groupe (par exemple, ***Police*** ou ***Alignement***) puis cliquez sur les icônes de votre choix. Pour ouvrir les ***Boîtes de dialogue*** (*Fenêtres*) de chaque groupe, activez la flèche de choix située à l'angle inférieur droit de chaque groupe (cette flèche s'appelle un *Lanceur de boîte de dialogue*).

Bon à savoir
Vous pouvez, à tout moment, accéder aux icônes de mise en forme à l'aide d'un clic droit sur une cellule.

71. Recopier une mise en forme

Une ou plusieurs cellules contiennent une mise en forme que vous souhaitez appliquer à d'autres cellules ? Utilisez l'icône Reproduire la mise en forme.

Sélectionnez la *cellule source* dont la mise en forme répond à vos attentes. Effectuez un clic droit pour ouvrir la barre et le menu d'outils contextuels (ou bien, ouvrez l'onglet ***Accueil***). Double-cliquez sur l'icône ***Reproduire la mise en forme***. Le pointeur de votre souris se change en croix pleine et un pinceau s'affiche. Cliquez sur la ou les *cellules de destination*. La mise en forme se reproduit instantanément. Pour désactiver le pinceau, appuyez sur la touche ***Échap*** de votre clavier.

Utiliser les formats spéciaux et personnalisés

72. Choisir un format prédéfini

Excel propose dans l'onglet Accueil de nombreuses options de Mise en forme. Pourtant, le groupe Nombre et la barre d'outils contextuels ne se résument pas à quelques icônes !

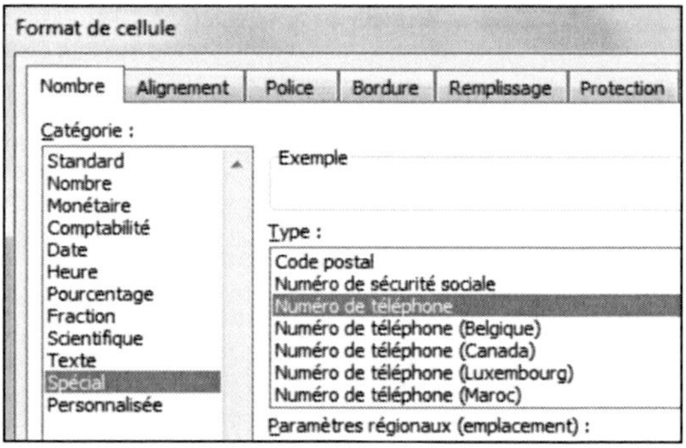

Sélectionnez une cellule, effectuez un clic droit pour ouvrir le menu contextuel puis sélectionnez l'option ***Format de cellule***. Cliquez sur l'onglet ***Nombre***, activez l'option de votre choix (par exemple, ***Nombre, Monétaire*** ou ***Spécial***). Les différentes possibilités offertes par chaque catégorie s'affichent dans la zone ***Type***. Sélectionnez-en une puis cliquez sur le bouton ***OK***.

73. Utiliser un format de la catégorie Personnalisée

La saisie des nombres négatifs vous pose problème ? Pour éviter tout malentendu et simplifier leur identification, choisissez un format adapté à vos besoins.

Pour automatiser la saisie des nombres négatifs en rouge, sélectionnez les cellules, effectuez un clic droit et activez l'option ***Format de cellule***. Dans l'onglet ***Nombre*** et la zone ***Catégorie***, choisissez l'option ***Monétaire*** puis sélectionnez, dans la zone ***Nombres négatifs***, le format : 1 234,10 € (le chiffre s'affiche en rouge).

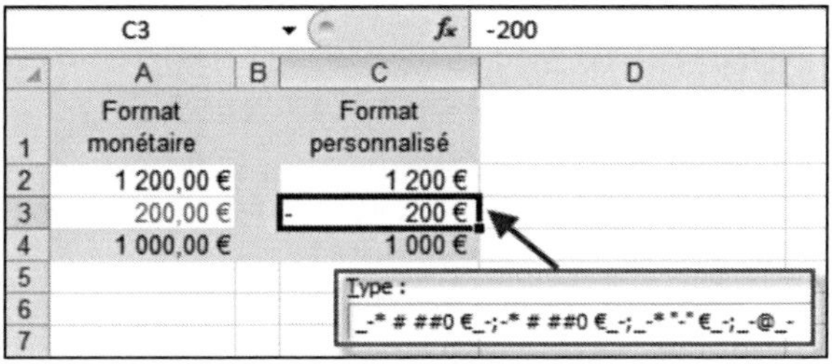

Pour ajouter le signe moins devant les nombres négatifs et le sigle €, dans l'onglet ***Nombre***, choisissez ***Personnalisée*** puis sélectionnez, dans la liste ***Type***, le format _-*# ###0€_-;-*# ###0€_-;-* "-"€_-;-@_-.

Créer des formats spéciaux originaux et utiles

74. Afficher des points de suite

Les perfectionnistes apprécieront l'astuce... Elle renoue avec la tradition des tableaux présentés dans les règles de l'art !

Sélectionnez la ou les cellules concernées. Effectuez un clic droit, ouvrez l'option ***Format de cellule*** puis cliquez sur l'onglet ***Nombre***. Dans la zone ***Catégorie***, activez l'option ***Personnalisée*** et cliquez dans la zone ***Type***. Là, remplacez le mot ***Standard*** par la syntaxe **@*.** (@ étoile point). Validez en cliquant sur ***OK***.

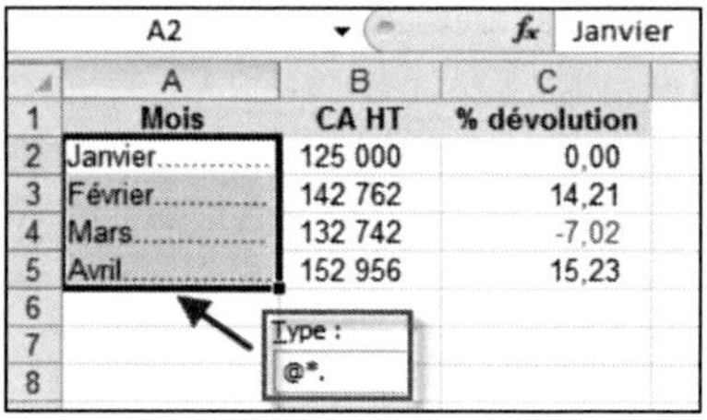

75. Afficher un caractère spécial

Si le menu Caractères spéciaux n'existait pas sous les précédentes versions d'Excel, il est disponible sous Excel 2010 ! Très pratique pour ajouter un symbole dans un formulaire !

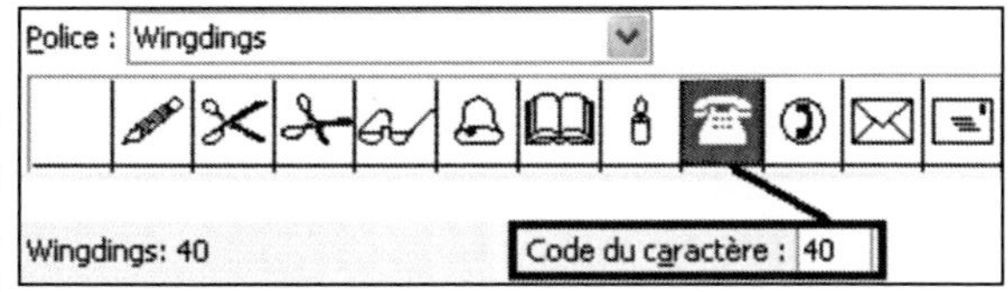

Placez-vous dans la cellule de réception puis activez, sur le *Ruban*, l'onglet ***Insertion***. Sous le groupe ***Texte***, cliquez sur l'icône ***Symbole***. Là, recherchez et sélectionnez le symbole à insérer.

76. Créer un format k€ ou M€ qui ne tronque pas les valeurs d'origine

Diviser une valeur par 1 000 pour obtenir son montant en k€ est toujours délicat car les valeurs d'origine sont tronquées. Découvrez comment afficher des valeurs en k€ ou en M€ sans modifier la valeur d'origine.

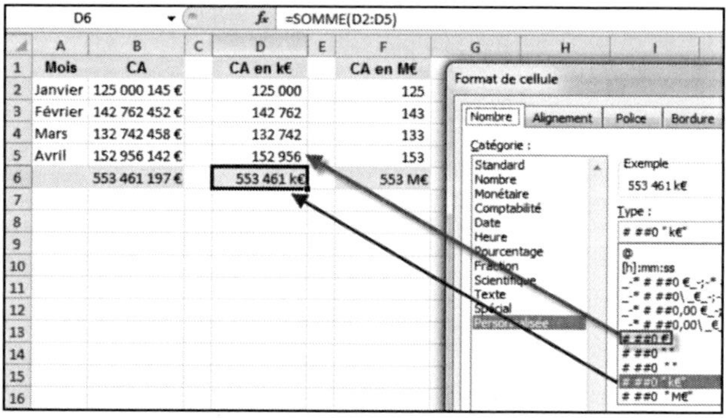

En premier lieu, sélectionnez la ou les cellules concernées et ouvrez la boîte de dialogue ***Format de cellule***. Sous l'onglet ***Nombre***, cliquez sur ***Personnalisée***.

- Pour créer le format k€, appliquer le format **# ##0** " " (attention, il y a bien une espace typographique avant les guillemets vides ! C'est cette espace qui divise par 1 000).
- Pour créer le format k€ avec le sigle, appliquer le format **# ##0** " **k€**".
- Pour créer le format M€, appliquer le format **# ##0** " " (ici, il y a deux espaces avant les guillemets vides), ou **# ##0** " **M€**".

Bon à savoir
Le ou les espaces situées avant le premier guillemet divisent par 1 000 ou 10 000, l'espace située après le premier guillemet sépare la valeur affichée du sigle (1 000 k€).

Mettre les données en valeur

77. Réaliser un encadrement automatique

La mise en forme d'un tableau à l'aide des icônes est parfois fastidieuse. Découvrez comment réaliser un encadrement professionnel de qualité.

Sélectionnez le tableau à mettre en forme puis activez, sur le *Ruban*, l'onglet ***Accueil***. Cliquez sur le groupe ***Style*** puis activez la flèche de choix de l'icône ***Mettre sous forme de tableau***. Sélectionnez un modèle puis cliquez sur ***OK***.

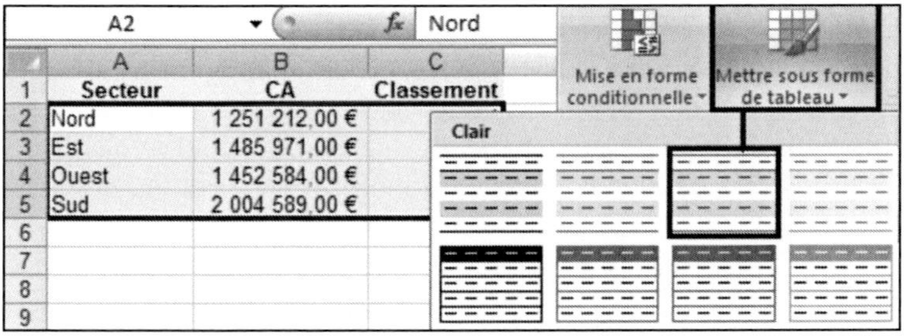

Bon à savoir

Chaque modèle peut être ensuite aménagé à votre convenance. Ainsi, vous pouvez, par exemple, sélectionner un élément non centré pour le ***Centrer*** ou modifier le format ***Nombre*** d'une colonne s'il ne vous convient pas. Pour conserver la mise en forme sans la fonction « liste » (cf. astuce n° 82), dans l'onglet contextuel ***Création***, cliquer sur ***Convertir en plage***.

78. Utiliser la mise en forme conditionnelle

La mise en forme de certaines cellules devra s'adapter à son contenu ? Police graissée, couleur différente, fond de la cellule, animations, etc. Automatisez ces paramètres.

- Ajouter un jeu d'icônes

Sélectionnez la plage de cellules concernée par la mise en forme conditionnelle. Activez, sur le *Ruban*, l'onglet ***Accueil*** et cliquez sur le groupe ***Style***. Activez la flèche de choix de l'icône ***Mise en forme conditionnelle***, sélectionnez l'option ***Jeux d'icônes***. Choisissez-en un puis appuyez sur la touche ***Entrée*** du clavier pour valider.

- Personnaliser la mise en forme en fonction du contenu

Sélectionnez la plage de cellules. Activez, sur le *Ruban*, l'onglet ***Accueil*** et cliquez sur le groupe ***Style***. Activez la flèche de choix de l'icône ***Mise en forme conditionnelle*** puis choisissez une ***Règle*** existante ou cliquez sur l'option ***Nouvelle règle...*** pour personnaliser les paramètres à votre convenance.

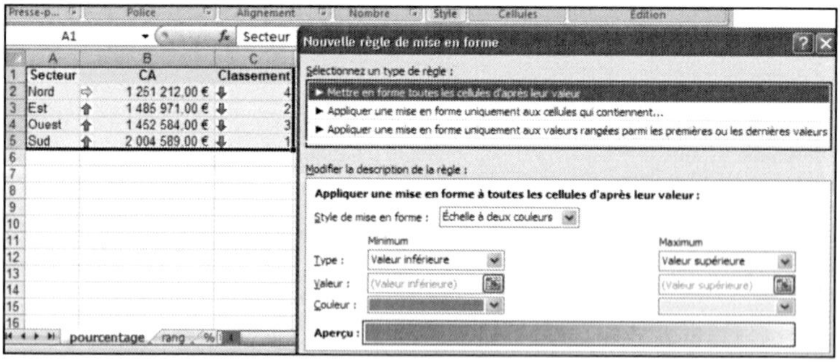

79. Créer un graphique instantané

S'il est possible de créer un graphique à l'aide de l'icône Graphique de l'onglet Insertion, une astuce permet d'en réaliser un, en un instant. Action !

- Créer le graphique initial

Sélectionnez les données de votre choix puis cliquez sur la touche de fonction ***F11***. Un graphique s'affiche instantanément dans une nouvelle feuille. Les onglets contextuels ***Outils de graphique*** sont visibles sur le *Ruban*.

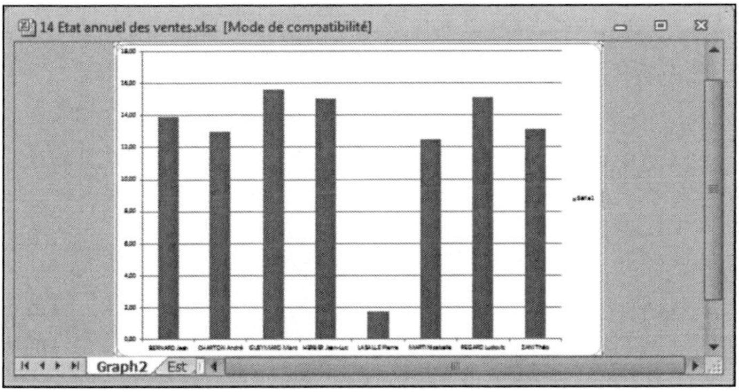

- Personnaliser le graphique

Pour changer le type de graphique, cliquez sous l'onglet contextuel ***Création***, sur l'icône ***Modifier le type de graphique***. La boîte de dialogue éponyme s'affiche. Sélectionnez un type de graphique (ex. : ***Secteurs***) puis un modèle. Validez et mettez en forme le graphique à l'aide des icônes des onglets contextuels ***Outils de graphique***.

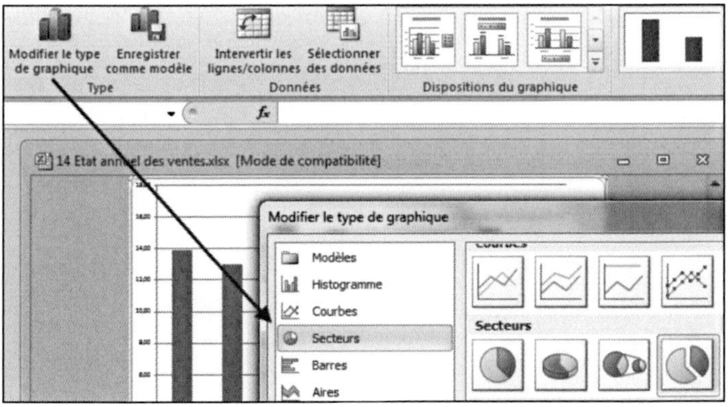

Performance 7

Créer et travailler avec des listes

L'essentiel à savoir sur la gestion des listes

80. Découvrir le « dessous » des listes

Si Excel est parfait pour tenir à jour des tableaux de gestion : suivi de trésorerie, analyse des chiffres d'affaires, gestion des heures de travail, etc., il est souvent utilisé pour saisir des listes de clients, de matériels, de stocks, de factures...

	A	B	C	D
1	Clients	Montant	Dates	
2	COLIN Benoît	125,00 €	01/07/2014	
3	DROUIN François	142,00 €	12/07/2014	
4	FRESSE Jean-Philippe	145,00 €	19/07/2014	
5	PETIT Thierry	45,00 €	21/07/2014	
6	NOEL Franck	142,00 €	01/08/2014	
7	SOUVAY Thierry	164,00 €	14/08/2014	
8	VAXELAIRE Rémi	154,00 €	22/08/2014	

Par principe, une liste est une suite de données réparties dans des colonnes titrées (on parle alors de *Base de données*). Chaque colonne peut recevoir un type de ***Format de cellule*** classique (formats ***Standard, Nombre, Monétaire, Date***...) ou spécial (formats ***Numéro de téléphone, Numéro de Sécurité sociale***...). Une fois les données saisies, vous pouvez :

- créer une liste (cf. astuces n° 81 et 72) ;
- naviguer dans la liste pour rechercher une information et/ou la mettre à jour (cf. astuce n° 83) ;
- activer des ***Filtres*** pour rechercher une ou plusieurs données (cf. astuces n° 84 et 85) ;
- effectuer des ***Tris*** (cf. astuce n° 86) ;
- afficher des ***Sous-totaux*** (cf. astuce n° 87) ;
- utiliser le mode ***Plan*** (cf. astuces n° 88 et 89).

81. Transposer des données pour créer une liste

Une liste exige l'inversion des abscisses et des ordonnées ? Réalisez l'opération en quelques clics...

Ouvrez le fichier contenant les données et insérez une feuille. Sélectionnez la liste initiale, appuyez sur le bouton droit de votre souris puis sélectionnez l'option ***Copier***. Activez l'onglet de la nouvelle feuille puis placez-vous dans la cellule A1. De nouveau par un clic droit, sélectionnez l'option ***Collage spécial...*** Dans la fenêtre qui s'ouvre, cochez l'option ***Transposé*** puis cliquez sur le bouton ***OK***.

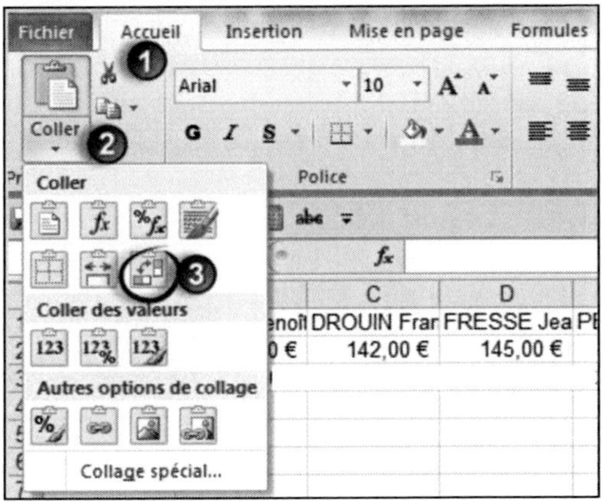

Bon à savoir

Au passage, survolez les icônes du menu ***Coller***...

Pour information, l'option ***Collage spécial*** ouvre la boîte de dialogue ***Collage spécial***, commune à toutes les versions de Microsoft Excel.

82. Utiliser la fonction Mettre sous forme de tableau

Des données, déjà en liste ou non, mériteraient d'être transformées en liste pour améliorer votre confort de lecture ou faciliter les recherches ? Découvrez l'option Mettre sous forme de tableau…

Sélectionnez la plage de cellules puis activez, sur le *Ruban*, l'onglet ***Insertion***. Repérez le groupe ***Style*** et cliquez sur l'icône ***Mettre sous forme de tableau***. Dans la fenêtre qui s'affiche, cochez l'option ***Mon tableau comporte des en-têtes*** si tel est le cas puis cliquez sur le bouton ***OK*** pour valider. Le tableau s'affiche et le groupe ***Outils de tableau*** s'ajoute au *Ruban* d'Excel ainsi qu'un onglet ***Création***.

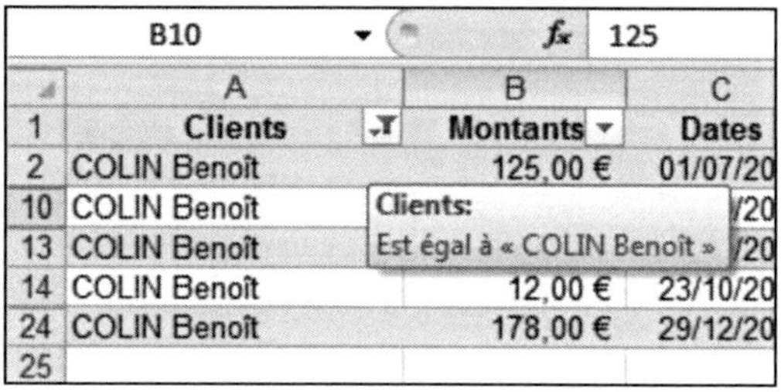

Bon à savoir
Pour utiliser ou supprimer les ***Filtres***, cf. astuces n° 84 et 85.

83. Naviguer dans une longue liste (figer les volets)

Vous travaillez sur de longues listes ? Affichez en tout temps les en-têtes des lignes et des colonnes titres à l'écran.

Cliquez sous la cellule à figer (1) puis activez l'onglet ***Affichage*** (2). Dans le groupe ***Fenêtre***, activez la flèche de choix de l'icône ***Figer les volets*** (3) puis sélectionnez l'option ***Figer les volets*** (4).

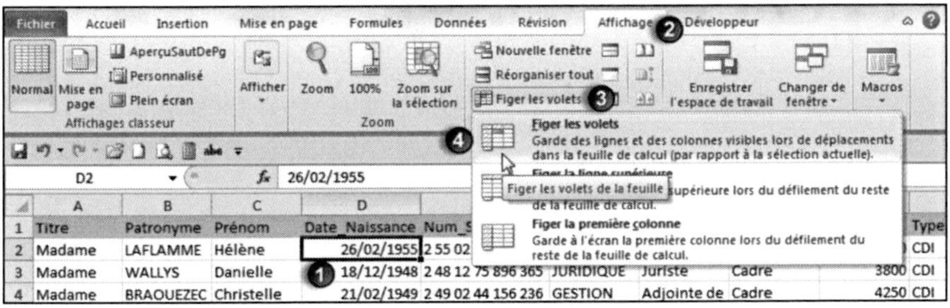

Bon à savoir

Lorsqu'une option ***Figer les volets*** est active, la commande visible sur le menu se transforme en ***Libérer les volets*** pour vous permettre d'annuler l'opération.

Filtrer des données dans une liste

84. Filtrer des données

Vous devez extraire des données dans une liste ? Activez les filtres et laissez Excel trier les informations à votre guise...

Ouvrez une liste, sélectionnez la ligne de titres des colonnes et activez, sur le *Ruban*, l'onglet ***Données*** (1). Repérez le groupe ***Trier et filtrer*** puis cliquez sur l'icône ***Filtrer*** (2). Une flèche de choix apparaît à droite de chaque titre. Pour rechercher une donnée, cliquez sur une flèche (3) et choisissez le ou les critères à rechercher (4 et 5). Pour afficher toutes les données, activez la flèche de choix et cochez l'option ***(Sélectionner tout)*** ou cliquez, sur le *Ruban*, sur l'icône ***Effacer***.

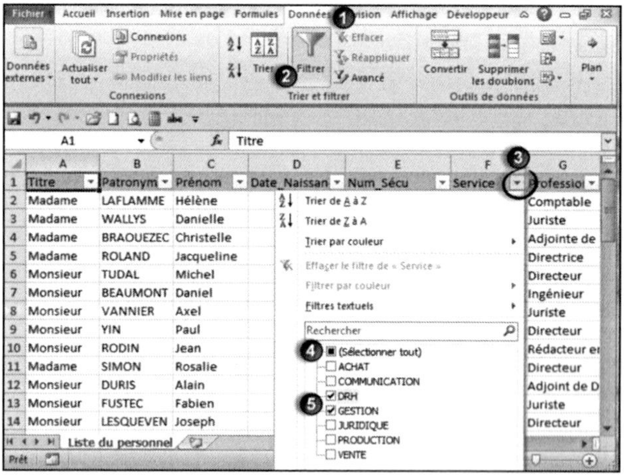

Bon à savoir

Si les données ont été mises en forme à l'aide de l'icône ***Mettre sous forme de tableau*** (cf. astuces n° 77 et 82), les filtres sont déjà actifs à l'écran.

85. Personnaliser un filtre

Des données à extraire sont soumises à deux conditions : par exemple, le résultat de la recherche est supérieur à un montant « Et » est inférieur à un autre ? Appliquez un filtre conditionnel.

Affichez les filtres (cf. astuce n° 84) puis activez la flèche de choix de la colonne concernée par l'extraction des données. Cliquez sur ***Filtres*** [...], la boîte de dialogue ***Filtre automatique*** personnalisé s'affiche. Son contenu varie selon l'option choisie dans le menu filtre. Complétez les critères et validez.

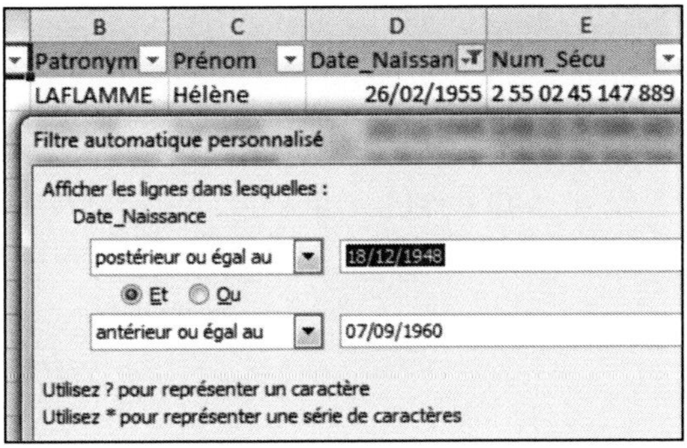

Bon à savoir
L'option ***Filtres*** [...] change de nom en fonction du contenu de la colonne (par exemple, ***Textuel***, ***Numérique***, etc.).

Trier des données et afficher des sous-totaux

86. Trier des données sur un ou plusieurs critères

La fonction Tri n'est pas au point ? Détrompez-vous !

Sélectionnez la colonne à trier (par exemple, la colonne *Clients*) puis activez, sur le *Ruban*, l'onglet ***Données***. Repérez le groupe ***Trier et filtrer*** puis cliquez sur l'icône ***Trier***. Dans la fenêtre qui s'affiche, créez une première sélection de tri en activant les flèches de choix. Cliquez sur le bouton ***Ajouter un niveau*** pour choisir un second critère de tri, et ainsi de suite…

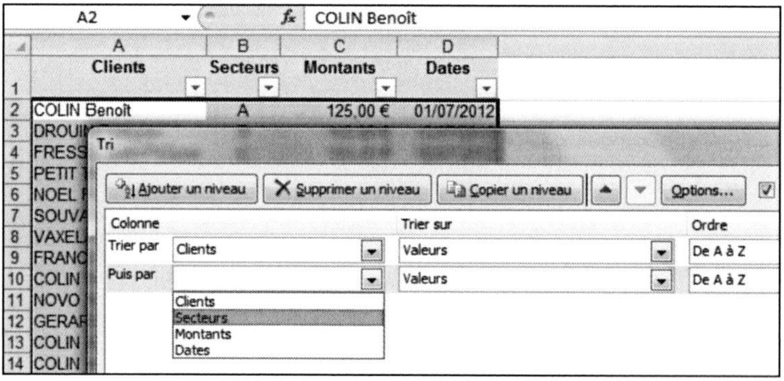

87. Calculer des sous-totaux

Vous venez de trier une liste sur les critères de votre choix. Découvrez comment utiliser la fonction Sous-totaux.

Sélectionnez la plage de cellules, ouvrez l'onglet ***Données*** puis repérez le groupe ***Plan***. Cliquez sur la flèche de choix puis sélectionnez l'icône ***Sous-total***. Dans la fenêtre qui s'affiche, activez les flèches de choix de toutes les zones pour paramétrer les options à votre convenance (par exemple, choisir la mention *Clients* dans la zone ***À chaque changement de***, etc.) ; puis cochez les options nécessaires (par exemple, ***Synthèses sous les données***). Cliquez sur le bouton ***OK*** pour valider.

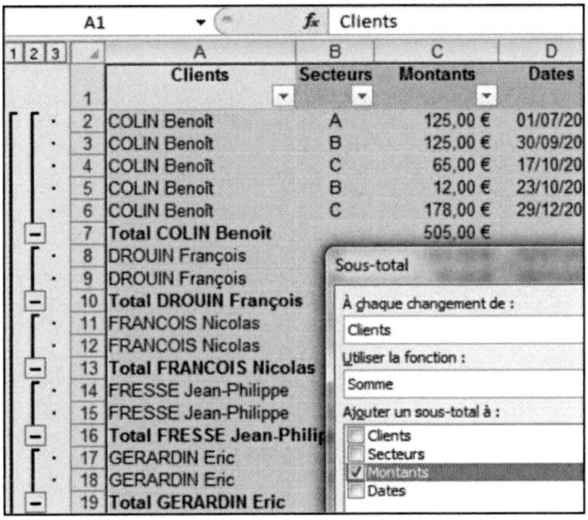

Bon à savoir

L'option ***Sous-total*** exige un tri préalable des données. En cas d'oubli, cliquer sur l'icône ***Annuler*** de la *barre d'outils Accès rapide*, trier la liste et refaire les sous-totaux.

88. Naviguer dans le mode plan de l'option Sous-total

Les nombres 1, 2, 3 et des + et – se sont ajoutés à gauche de l'écran lors de l'emploi de la fonction Sous-total ? Découvrez leur utilité...

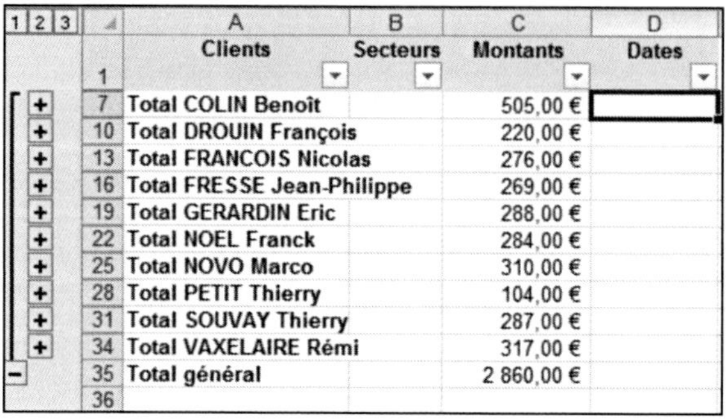

	A	B	C	D
1	Clients	Secteurs	Montants	Dates
7	Total COLIN Benoît		505,00 €	
10	Total DROUIN François		220,00 €	
13	Total FRANCOIS Nicolas		276,00 €	
16	Total FRESSE Jean-Philippe		269,00 €	
19	Total GERARDIN Eric		288,00 €	
22	Total NOEL Franck		284,00 €	
25	Total NOVO Marco		310,00 €	
28	Total PETIT Thierry		104,00 €	
31	Total SOUVAY Thierry		287,00 €	
34	Total VAXELAIRE Rémi		317,00 €	
35	Total général		2 860,00 €	
36				

L'utilisation de l'icône ***Sous-total*** permet l'affichage partiel des niveaux. L'affichage maximal (le nombre 3 sur l'image) affiche toutes les lignes du tableau. L'affichage intermédiaire (le nombre 2 sur l'image) isole les lignes de résultat. Pour passer d'un niveau à l'autre, cliquez sur le numéro de titre. Pour information, le signe – (moins) indique un affichage complet et le signe + (plus) signale un affichage réduit. Les lignes et colonnes ne sont pas masquées et le contenu est directement accessible par simple clic sur les signes *plus* et *moins*.

89. *Utiliser la fonction Grouper pour créer son propre Plan*

Qu'il s'agisse d'une liste ou d'un très grand tableau, il est parfois difficile de travailler sur un fichier large et long. Découvrez comment créer des niveaux de lecture.

- Préparer le fichier

Ouvrez un large et/ou long tableau. Imaginez le plan (ex. : sur l'image ci-dessous, les produits ont été regroupés par catégories et les CA par trimestres). Ajoutez, s'il y a lieu de le faire, des colonnes ou des lignes pour structurer le plan (ici, les lignes *Total X* et *Total Y* ont été ajoutées au tableau initial).

	A	I	M	Q	U	V	W	X	Y
1	**Budget de ventes**								
2									
3		CA remise déduite N+1 (k€)	**1er T**	**2e T**	**3e T**	Oct	Nov	Déc	**4e T**
4	Coeff. Saison.		**2,4**	**3,1**	**3,5**	0,6	1	1,4	**2,4**
5	Catégorie X								
9	Total X	4 536	907	1 172	1 323	227	378	529	1 134
10	Catégorie Y								
11	Produit D	945	**189**	**244**	**276**	47	79	110	**236**
12	Produit E	1 304	**261**	**337**	**380**	65	109	152	**326**
13	Produit F	1 399	**280**	**362**	**408**	70	117	163	**350**
14	Total Y	3 649	730	943	1 064	182	304	426	912
15	**Total**	**8 185**	**1 637**	**2 115**	**2 387**	**409**	**682**	**955**	**2 046**
16									

- Structurer le fichier

Une fois les ajouts de lignes et/ou de colonnes terminés, sélectionnez les sections à réunir (dans l'image ci-dessus, les colonnes octobre, novembre et décembre). Ensuite, activez sur le *Ruban*, l'onglet ***Données*** puis cliquez, sous le groupe ***Plan***, sur l'icône ***Grouper***. Là, cliquez sur l'option ***Grouper***.

L'option ***Grouper*** fonctionne de la même façon en ligne et en colonne (sélection + grouper).

Bon à savoir

Une fois les colonnes et lignes groupées, le tableau réduit peut être copié-collé sous PowerPoint ou Word. Il conservera alors sa nouvelle taille.

Extraire des données sans trier une liste

90. Écrire une formule matricielle

Vous devez analyser une liste sans trier les données ? Utilisez une formule matricielle pour effectuer plusieurs analyses et afficher un résultat unique.

- Préparer la formule d'analyse

Ouvrez une liste contenant des données analysables par critères (par exemple, un fichier de suivi des encaissements, un tableau de saisie des heures de travail, etc.) puis résumez vos besoins (par exemple : SI telle zone de recherche EST ÉGALE à telle donnée ALORS résultat 1 SINON résultat 2).

- Écrire la formule d'analyse

Cliquez dans une cellule vide (par exemple, à droite de la liste), inscrivez votre formule conditionnelle sur la barre de formule sans appuyer sur la touche ***Entrée*** du clavier. Par exemple, saisissez une formule de type **=SOMME(SI(zone_recherche="client_x";1;0))** et laissez le curseur clignoter après la dernière parenthèse.

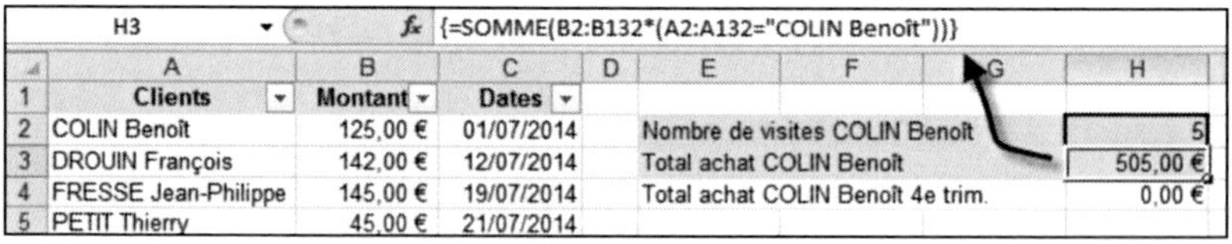
H3 {=SOMME(B2:B132*(A2:A132="COLIN Benoît"))}

	A	B	C	D	E	F	G	H
1	Clients	Montant	Dates					
2	COLIN Benoît	125,00 €	01/07/2014		Nombre de visites COLIN Benoît			5
3	DROUIN François	142,00 €	12/07/2014		Total achat COLIN Benoît			505,00 €
4	FRESSE Jean-Philippe	145,00 €	19/07/2014		Total achat COLIN Benoît 4e trim.			0,00 €
5	PETIT Thierry	45,00 €	21/07/2014					

- Ajouter les {bornes} de la matrice

À la fin de la formule d'analyse, appuyez sur les touches ***Ctrl*** + ***Shift*** + ***Entrée*** de votre clavier (en même temps). La formule devient **{=SOMME(SI(zone_recherche="client_x";1;0))}**. Le résultat s'affiche !

Bon à savoir
Pour en savoir plus sur les formules conditionnelles, cf. astuces n° 60 à 64.

- Décrypter l'image

* En H2, la formule **{=SOMME(SI(A2:A121="COLIN Benoît";1;0))}** indique le nombre de visites du client COLIN Benoît.
* En H3, la formule **{=SOMME(B2:B121*(A2:A121="COLIN Benoît"))}** calcule le montant total des achats effectués par ce même client.

* En H4, la formule **{=SOMME(B2:B132*(A2:A132="COLIN Benoît")*(C2:C132<=DATE(2012;10;1)))}** calcule le montant total des achats du 4e trimestre.

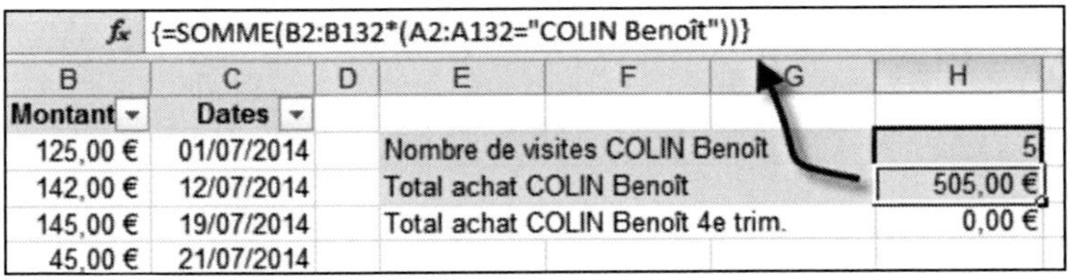

91. Déterminer un nombre sous condition(s)

En lieu et place de la fonction matricielle, découvrez la fonction NB.SI.ENS plus simple à mettre en place et qui autorise 1 à 127 plages/critères...

- Comprendre le principe

Une formule de regroupement de type **NB.SI.ENS** ou **SOMME.SI.ENS** s'utilise avec un seul ou plusieurs critères. Ici, vous souhaitez déterminer le nombre de visites d'un client. Son nom est inscrit en G1.

- Saisir la formule

Dans la cellule de réception, saisissez **=NB.SI.ENS(** et observez le guide qui s'affiche sous la formule. Sélectionnez la **plage_critère1** (ici **A2:A24**), appuyez sur la touche ***;*** du clavier puis sélectionnez la cellule contenant le **critère1** (ici, **G1**). À ce stade, vous pourriez remplacer G1 par "COLIN Benoît" dans la formule. Pour valider la formule, fermez la parenthèse et appuyez sur la touche ***Entrée*** du clavier.

=NB.SI.ENS(A2:A24;G1)

NB.SI.ENS(plage_critères1; critères1; [plage_critères2; ...])

	A	B				G
1	Clients	Secteurs	Montants	Dates	Clients	COLIN Benoît
2	COLIN Benoît	A	125,00 €	01/07/20	Secteurs	B
3	DROUIN François	B	142,00 €	12/07/20		
4	FRESSE Jean-Philippe	C	145,00 €	19/07/20		
5	PETIT Thierry	A	45,00 €	21/07/20		
6	NOEL Franck	C	142,00 €	01/08/20	Nombre de visites	=NB.SI.ENS(A2:A
7	SOUVAY Thierry	B	164,00 €	14/08/20	Total achat	505,00 €
8	VAXELAIRE Rémi	A	154,00 €	22/08/20	Total achat secteur A	137,00 €
9	FRANCOIS Nicolas	C	153,00 €	22/09/20		

- Décrypter l'image

La formule **=NB.SI.ENS** analyse la plage où se trouve le critère COLIN Benoît (ici, A2:A24), ensuite, elle recherche le critère attendu en G1 (ici, COLIN Benoît). Vous pourriez à ce stade ajouter d'autres critères (ex. : nombre de visites du COLIN en secteur A), mais vous pouvez vous en tenir à un seul.

92. Associer une somme à plusieurs critères

Dans un fichier contenant des valeurs, de nombreux critères sont possibles. Découvrez comment isoler, à l'aide d'une seule formule, la somme correspondant à plusieurs critères.

Sur le même principe que **NB.SI.ENS**, utilisez la formule **SOMME.SI.ENS** en sélectionnant, un à un, les critères. Pour mémoire, **Somme_plage** correspond toujours à la plage contenant les *sommes* à additionner. Ensuite, chaque **plage_critère** diffère.

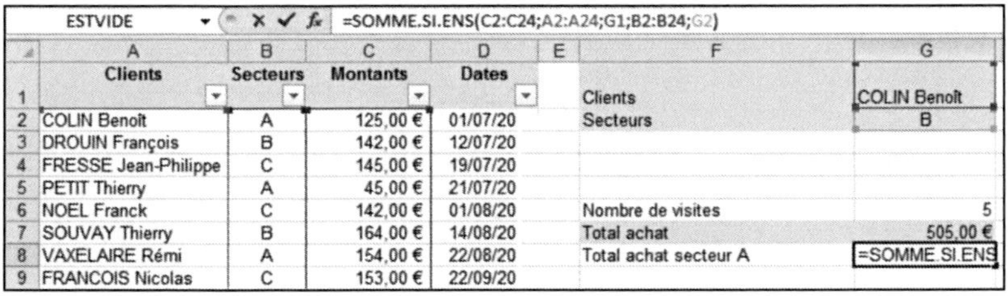
ESTVIDE =SOMME.SI.ENS(C2:C24;A2:A24;G1;B2:B24;G2)

	A	B	C	D	E	F	G
1	Clients	Secteurs	Montants	Dates		Clients	COLIN Benoît
2	COLIN Benoît	A	125,00 €	01/07/20		Secteurs	B
3	DROUIN François	B	142,00 €	12/07/20			
4	FRESSE Jean-Philippe	C	145,00 €	19/07/20			
5	PETIT Thierry	A	45,00 €	21/07/20			
6	NOEL Franck	C	142,00 €	01/08/20		Nombre de visites	5
7	SOUVAY Thierry	B	164,00 €	14/08/20		Total achat	505,00 €
8	VAXELAIRE Rémi	A	154,00 €	22/08/20		Total achat secteur A	=SOMME.SI.ENS
9	FRANCOIS Nicolas	C	153,00 €	22/09/20			

Décrypter l'image : ici, SOMME.SI.ENS(plage_montants;plage_clients; client_COLIN;plage_secteurs;secteur_A) détermine le CA du client COLIN pour ses achats en secteur B.

Croiser et analyser des données

93. Construire un tableau croisé dynamique

Plus puissante que les Filtres, l'option Tableau croisé dynamique permet de résumer, analyser, explorer et présenter des données de synthèses issues d'une Liste de données.

- Étape 1 : analyser les données à croiser

Ouvrez une *Liste de données* et observez les informations saisies. Quelles données souhaitez-vous croiser ? Manque-t-il des données ? Si oui, complétez le fichier. Dans l'exemple ci-après, plusieurs analyses croisées pourraient être établies : *Salaire* par *Service* et par *Sexe* ; *Type de contrat* et *Statut* par *Service*, etc.

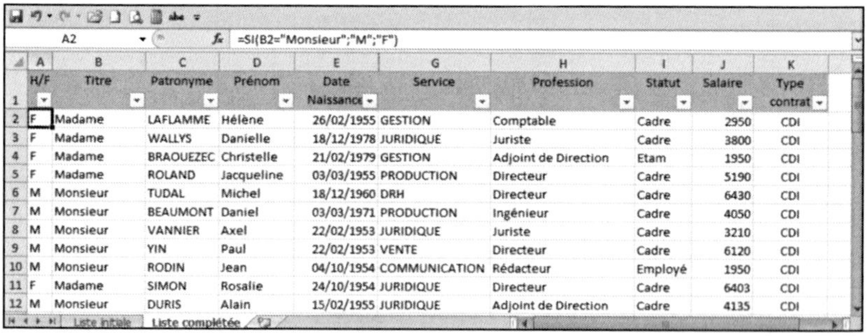

A2 =SI(B2="Monsieur";"M";"F")

	H/F	Titre	Patronyme	Prénom	Date Naissance	Service	Profession	Statut	Salaire	Type contrat
2	F	Madame	LAFLAMME	Hélène	26/02/1955	GESTION	Comptable	Cadre	2950	CDI
3	F	Madame	WALLYS	Danielle	18/12/1978	JURIDIQUE	Juriste	Cadre	3800	CDI
4	F	Madame	BRAOUEZEC	Christelle	21/02/1979	GESTION	Adjoint de Direction	Etam	1950	CDI
5	F	Madame	ROLAND	Jacqueline	03/03/1955	PRODUCTION	Directeur	Cadre	5190	CDI
6	M	Monsieur	TUDAL	Michel	18/12/1960	DRH	Directeur	Cadre	6430	CDI
7	M	Monsieur	BEAUMONT	Daniel	03/03/1971	PRODUCTION	Ingénieur	Cadre	4050	CDI
8	M	Monsieur	VANNIER	Axel	22/02/1953	JURIDIQUE	Juriste	Cadre	3210	CDI
9	M	Monsieur	YIN	Paul	22/02/1953	VENTE	Directeur	Cadre	6120	CDI
10	M	Monsieur	RODIN	Jean	04/10/1954	COMMUNICATION	Rédacteur	Employé	1950	CDI
11	F	Madame	SIMON	Rosalie	24/10/1954	JURIDIQUE	Directeur	Cadre	6403	CDI
12	M	Monsieur	DURIS	Alain	15/02/1955	JURIDIQUE	Adjoint de Direction	Cadre	4135	CDI

Liste initiale | Liste complétée

Bon à savoir
Chaque titre de colonne d'une liste de données s'appelle un *Champ*.

- Étape 2 : afficher la structure de votre premier tableau croisé dynamique

* Cliquez dans la *Liste de données*.
* Activez, sur le *Ruban*, l'onglet ***Insertion***.
* Repérez le groupe de commandes ***Tableaux***.

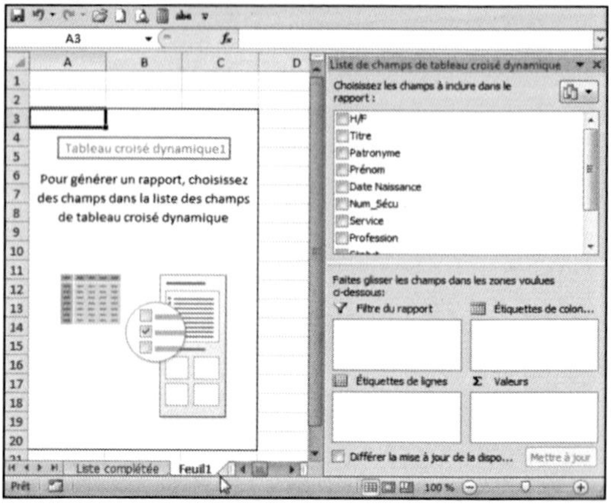

* Cliquez sur l'icône ***TblCroiséDynamique***. La boîte de dialogue ***Créer un tableau croisé dynamique*** s'affiche.
* Observez la zone ***Tableau/Plage***. Par défaut, la plage est présélectionnée, la modifier si elle est fausse.
* Maintenez l'option ***Nouvelle feuille de calcul*** cochée.
* Cliquez sur le bouton ***OK***. Une nouvelle feuille s'ajoute au classeur. Elle contient la structure vierge de création d'un tableau croisé dynamique.

- **Étape 3 : créer votre première analyse croisée**
  * Dans le volet droit ***Liste de champs de tableau croisé dynamique*** (1), cliquez sur le champ *H/F* et glissez-le vers la zone ***Étiquettes de colonnes*** (2).
  * Glissez, de la même façon, le champ *Service* vers la zone ***Étiquettes de lignes*** (3).
  * Enfin, glissez le champ *Salaire* vers la zone ***Valeurs*** (4).

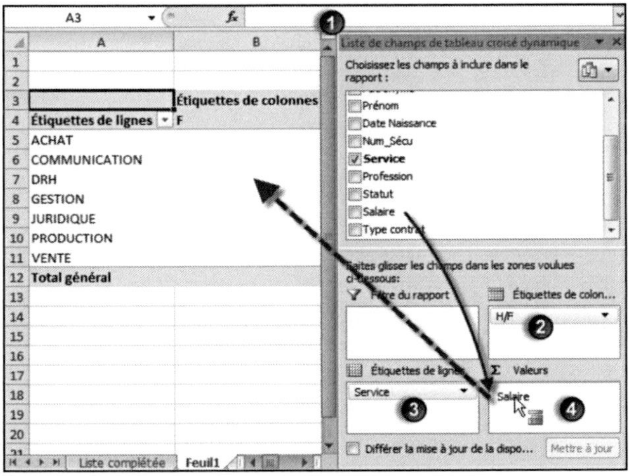

- Étape 4 : modifier la présentation des titres

Sur le ruban contextuel ***Outils de tableau croisé dynamique***, cliquez sur l'onglet ***Création*** (5).

Dans le groupe ***Disposition*** (6), cliquez sur l'icône ***Disposition du rapport*** (7) puis sur ***Afficher en mode Plan.***

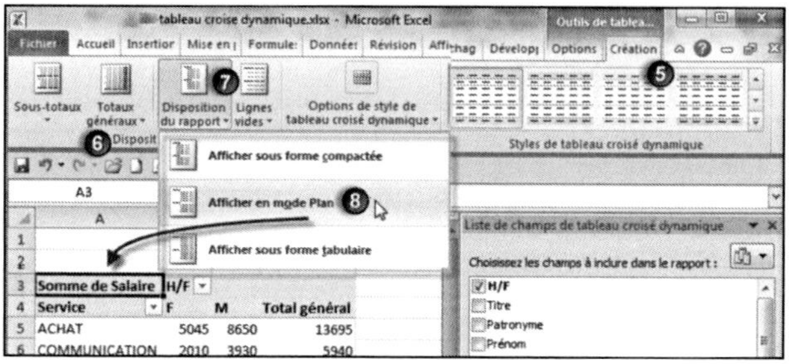

Bon à savoir

Un tableau croisé dynamique peut être modifié par un simple cliquer-glisser des champs présents dans le volet ***Liste de champs de tableau croisé dynamique***.

94. *Afficher les pourcentages sans formule et en trois clics*

Vous souhaitez remplacer les Montants des salaires par des Pourcentages ? Procédez en trois clics !

Pointez la cellule contenant ***Somme de salaire*** (1) et cliquez sur le bouton droit de votre souris. Un menu contextuel s'affiche. Cliquez sur l'option ***Afficher les valeurs*** (2) puis sur ***% du total général*** (3).

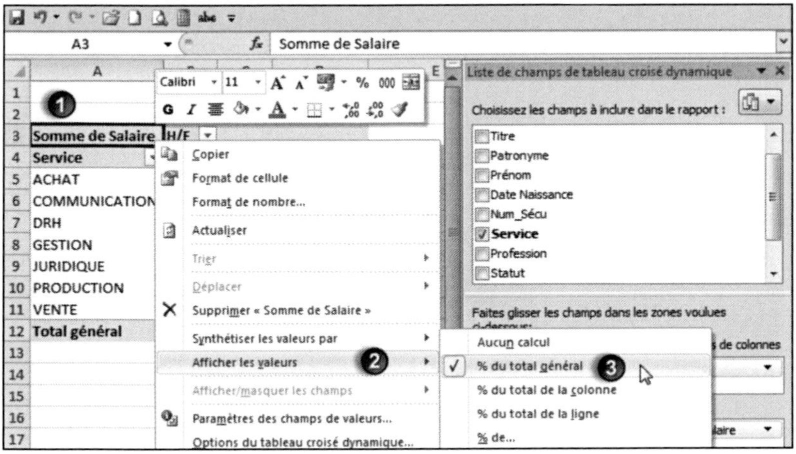

95. Modifier un tableau croisé dynamique

Vous souhaitez effectuer des tris croisés par lignes.

Glissez, dans la zone ***Étiquettes de lignes***, plusieurs champs. Pour *développer* ou *réduire* un champ, cliquez sur le bouton + ou – situé devant les titres de champ.

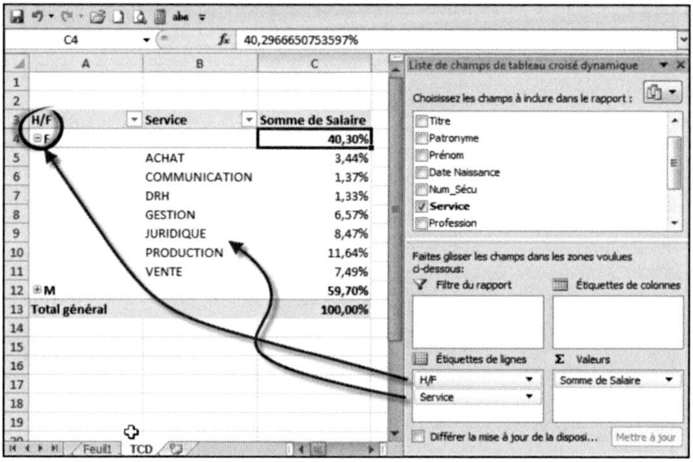

96. Mettre en forme le TCD en quelques clics

Vous venez de créer plusieurs TCD, découvrez comment les mettre en forme sans effort.

Cliquez dans le *TCD* puis activez l'onglet ***Création***. Sous le groupe ***Style de tableau croisé dynamique***, cochez les options de votre choix (ex. : ***En-têtes de lignes***, ***En-têtes de colonnes*** et ***Colonnes à bandes***). Ensuite, développez le groupe ***Styles de tableau croisé dynamique*** (en cliquant sur la flèche située dans l'angle inférieur droit) puis choisissez un style (ex. : le style ***Moyen 5***).

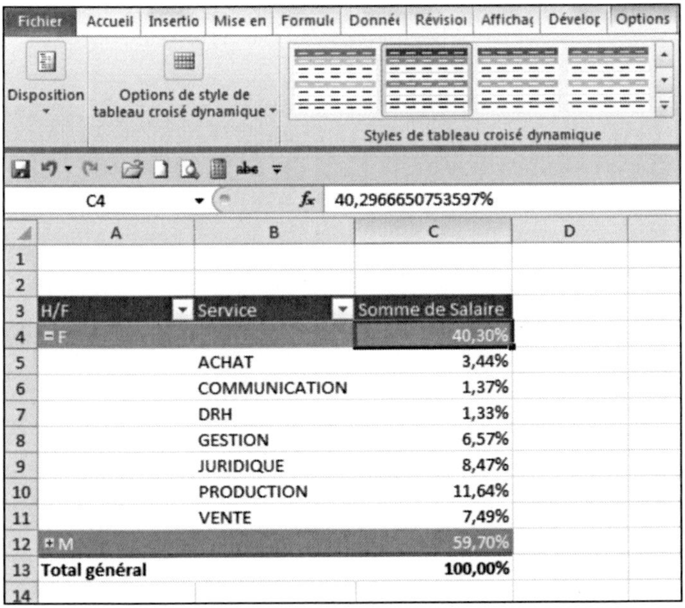

Performance 8

Modifier des listes

L'essentiel à savoir pour automatiser la correction des données listées

97. Réunir le contenu de deux colonnes

La répartition des données dans les différentes colonnes ne vous convient pas ? Réunissez les données.

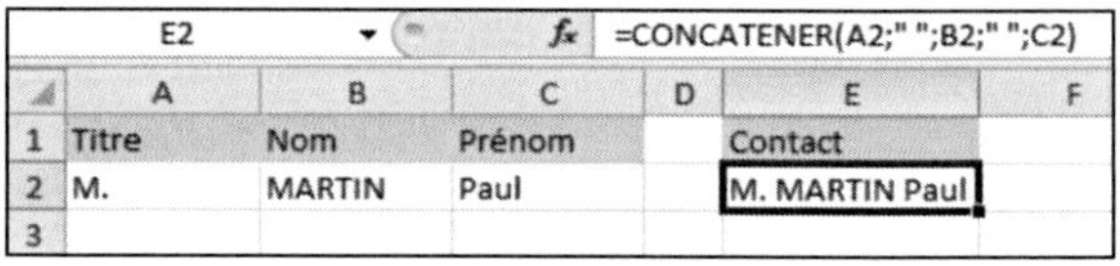

Insérer une colonne vide puis adaptez la formule =CONCATENER(ref_cellule1;" ";ref_cellule2) à vos besoins. Validez-la, recopiez-la vers le bas et masquez les colonnes devenues inutiles.

Bon à savoir
Pour réunir plus de deux colonnes, adapter la formule, par exemple **=CONCATENER(A2;" ";B2;" ";C2)**, ou utiliser **=A2&" "&B2**, etc.

Attention !
La suppression des colonnes d'origine (ici, *Nom* et *Prénom*) va provoquer un message d'erreur dans les *cellules de réception*. Pour éviter cet incident majeur : créer la formule, sélectionner les résultats, les ***Copier*** puis effectuer un ***Collage spécial valeur*** dans la même colonne.

98. Ajouter des majuscules de début

Une des anomalies les plus fréquentes dans une liste est l'absence de majuscule en début de colonne ou l'alternance minuscule/majuscule. Harmonisez la présentation à l'aide d'une formule.

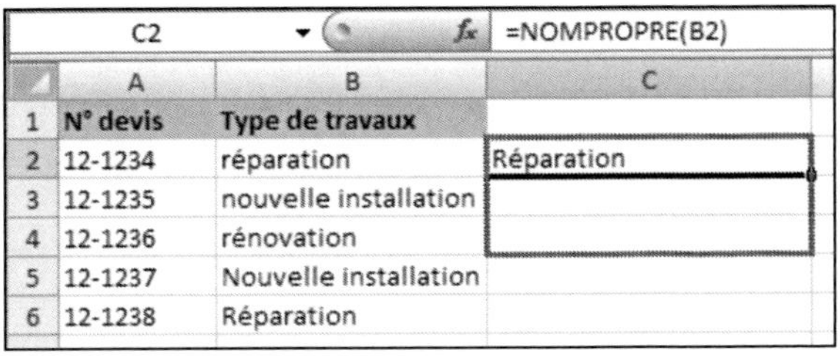

Insérez une colonne puis saisissez dans la première cellule de destination, une formule de type **=NOMPROPRE(ref_cellule)**. Validez-la, recopiez-la vers le bas puis masquez la colonne inutile (ou bien, effectuez un copier/collage spécial valeur). Le tour est joué !

Bon à savoir

=NOMPROPRE(réf_cellule) ajoute une majuscule de début (*paul* ou *PAUL* devient *Paul*).

=MAJUSCULE(réf_cellule) change la casse minuscule en majuscule (*paul* devient *PAUL*).

=MINUSCULE(réf_cellule) change la casse majuscule en minuscule (*Rue* devient *rue*).

99. Corriger les erreurs de ponctuation

La ponctuation fantaisiste insérée dans une liste vous dérange ; ou des points-virgules pirates sont apparus après un transfert de données ? Corrigez votre liste en quelques secondes !

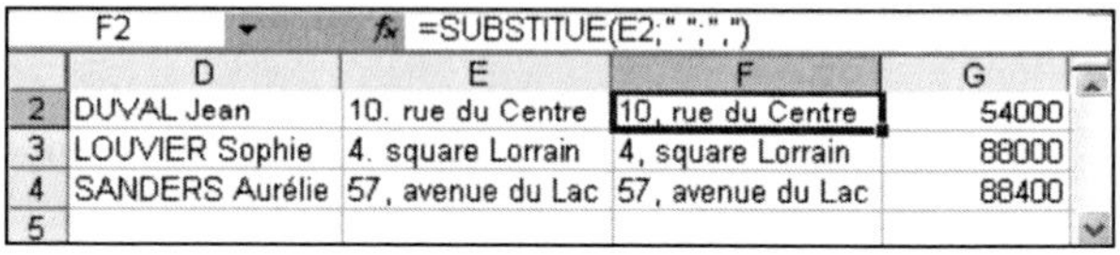

Insérez une colonne puis saisissez le début de la formule **=SUBSTITUE(ref_cellule)**. Si vous devez remplacer les points par des virgules, poursuivez la saisie en inscrivant la syntaxe ".";"," (sans espace entre les occurrences). Vous obtenez une formule de type **=SUBSTITUE(ref_cellule;".";",")**. Si vous devez remplacer des points-virgules par des virgules, inscrivez ";" ;",". Recopiez ensuite la formule vers le bas puis masquez la colonne intermédiaire (par exemple, la colonne E sur l'image), ou bien, effectuez un copier/collage spécial valeur.

100. Séparer le contenu de deux colonnes

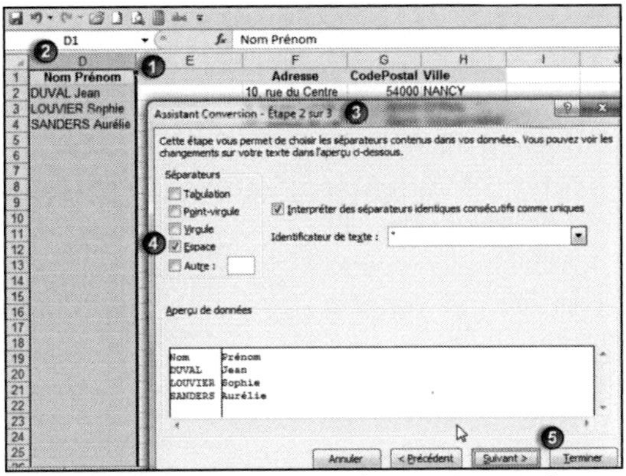

Le contenu d'une colonne devrait être scindé ? Séparez les données en quelques secondes.

Ajoutez des colonnes vides à droite de la colonne à diviser (1) puis sélectionnez la colonne à diviser (2). Ensuite, activez sur le *Ruban* l'onglet ***Données*** puis sélectionnez le groupe ***Outils de données***. Cliquez sur l'icône ***Convertir***, la fenêtre ***Assistant Conversion – Étape 1 sur 3*** apparaît et la zone ***Aperçu des données sélectionnées*** présente le contenu actuel de la colonne. Cochez l'option ***Délimité*** puis cliquez sur le bouton ***Suivant***. L'étape 2 sur 3 s'affiche (3). Dans la zone ***Séparateurs***, cochez l'option ***Espace*** puis cliquez sur le bouton ***Terminer*** (5).

101. Comparer des listes

Vous voulez comparer et vérifier la mise à jour d'une liste car des fichiers ont été mélangés ? Affichez les deux versions à l'écran pour les comparer en côte à côte.

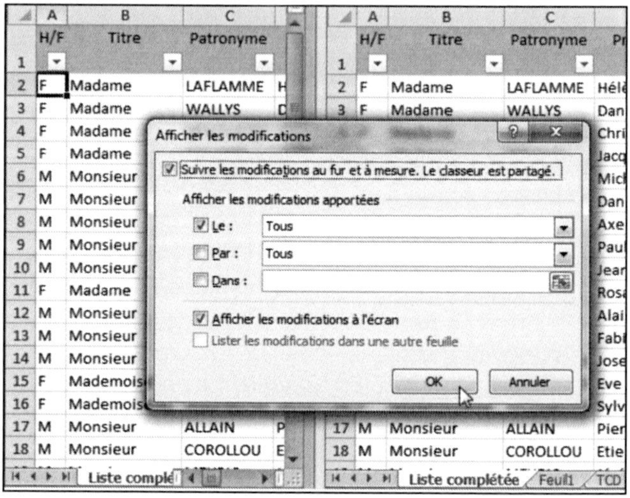

Ouvrez les deux fichiers à comparer puis activez l'onglet ***Affichage***. Repérez le groupe ***Fenêtre*** puis cliquez sur l'icône ***Afficher côte à côte***. Les fichiers s'affichent horizontalement. Pour modifier cette disposition, cliquez sur l'icône ***Réorganiser tout***, cochez l'option ***Vertical*** puis validez à l'aide du bouton ***OK***. Pour vérifier les fichiers et contrôler la mise à jour, activez les filtres (cf. astuce n° 84).

Pour automatiser le contrôle, activez l'onglet ***Révision*** puis repérez le groupe ***Modifications***. Cliquez sur l'icône ***Suivi des modifications*** et activez l'option ***Afficher les modifications...*** Dans la fenêtre qui s'affiche, complétez les paramètres à votre convenance et cochez l'option ***Suivi des modifications au fur et à mesure. Le classeur est partagé.*** Cliquez sur le bouton ***OK*** pour valider et lancez la recherche.

Guider l'utilisateur

102. Limiter la saisie

Un champ Texte devra accueillir des commentaires ? Limitez le nombre de caractères insérables pour décourager les bavards.

- Paramétrer la taille du champ

Sélectionnez les cellules concernées puis activez, sur le *Ruban*, l'onglet ***Données***. Repérez le groupe ***Outils de données***, cliquez sur la flèche de choix de l'icône ***Validation des données...*** et sélectionnez l'option du même nom. Cliquez sur l'onglet ***Options*** et choisissez, dans la zone ***Autoriser***, l'option ***Longueur du texte***. Dans la zone ***Données***, sélectionnez ***Comprise entre***, les zones ***Minimum*** et ***Maximum*** apparaissent. Saisissez la valeur de votre choix (par exemple, 5 et 25).

- Ajouter un message d'erreur

Cliquez sur l'onglet ***Alerte d'erreur*** puis indiquez le titre et le message que l'utilisateur pourra lire s'il oublie de saisir des commentaires ou s'il est trop bavard. Validez vos choix en cliquant sur le bouton ***OK***.

103. Associer une liste de choix à une ou des cellules

Toujours pour éviter les erreurs de saisie et diminuer les corrections… associez à certaines cellules clés des listes de choix pour simplifier le travail des opérateurs.

- Créer la liste de choix

Saisissez la liste de choix dans une partie isolée de votre feuille de travail (par exemple, au bas d'un formulaire).

- Insérer la liste de choix dans les cellules

Sélectionnez la ou les cellules de destination puis activez, sur le *Ruban*, l'onglet ***Données***. Repérez le groupe ***Outils de données***, cliquez sur la flèche de choix de l'icône ***Validation des données…*** et sélectionnez l'option du même nom. Cliquez sur l'onglet ***Options*** et choisissez, dans la zone ***Autoriser***, l'option ***Liste***. Pour insérer la liste de choix créée précédemment, cliquez sur l'icône située à droite de la zone ***Source*** puis sélectionnez votre liste sur la feuille Excel. Cliquez une seconde fois sur l'icône située à l'extrémité de la zone ***Source*** puis validez en cliquant sur le bouton ***OK***. Les cellules de destination initialement sélectionnées sont maintenant reliées à votre liste de choix.

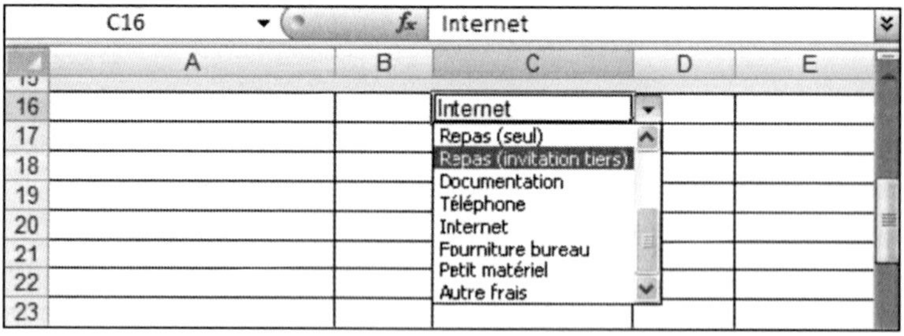

« Nettoyer » des listes importées

104. Modifier l'affichage des dates erronées après une importation

L'importation d'une base de données via un autre logiciel vous réserve parfois des surprises. Découvrez comment modifier le format des dates MJA (mois/jour/année) en JMA (jour/mois/année).

Sélectionnez la colonne à modifier puis activez sur le *Ruban* l'onglet ***Données*** puis sélectionnez le groupe ***Outils de données***. Cliquez sur l'icône ***Convertir***, la fenêtre ***Assistant Conversion – Étape 1 sur 3*** s'affiche. Dans la zone ***Type de données d'origine***, cochez l'option ***Délimité*** puis cliquez sur le bouton ***Suivant*** deux fois de suite. Dans la fenêtre ***Étape 3 sur 3*** et dans la zone ***Format des données en colonne***, cochez l'option ***Date*** puis sélectionnez le format ***JMA***. Enfin, appuyez sur le bouton ***Terminer*** pour valider. Les formats ***Dates*** sont corrigés, vous pouvez les inclure dans des formules de calcul ou effectuer des regroupements dans un tableau croisé dynamique.

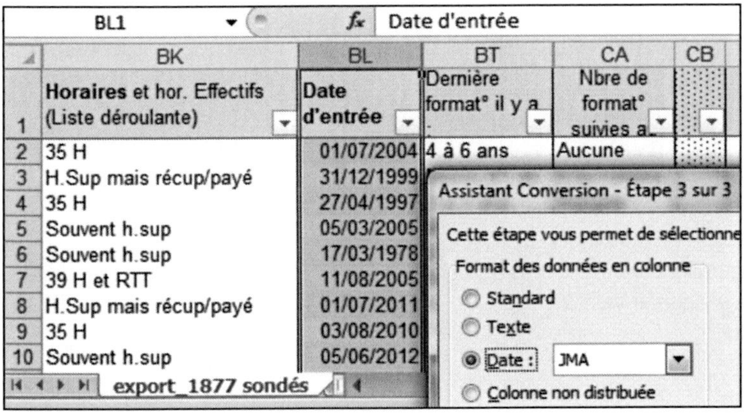

105. Corriger le format des valeurs (nombres et chiffres)

Un dernier problème, et non le moindre, affecte les valeurs que le logiciel Excel reconnaît au format Texte au lieu du format Nombre. Le calcul des données est alors impossible. Pour corriger cette erreur, plusieurs méthodes sont possibles.

- 1re méthode : utiliser le menu contextuel des cellules

Sélectionnez les cellules (et non la colonne), pointez le marqueur vert situé dans l'angle supérieur gauche de chaque cellule, cliquez sur la flèche de choix de l'icône contextuelle puis sur ***Convertir en nombre***.

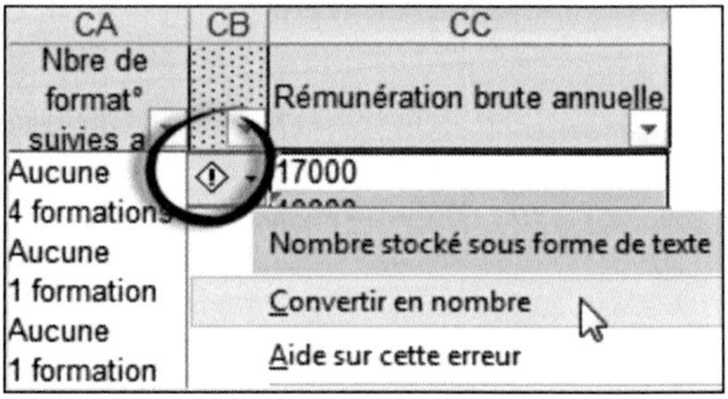

- 2e méthode : utiliser la formule =CNUM

Insérez une colonne dans votre base de données puis saisissez, en l'adaptant, la formule **=CNUM(ref_cellule)**.

Recopiez ensuite la formule vers le bas et masquez la colonne d'origine devenue inutile (ou bien, effectuez un copier/collage spécial valeur).

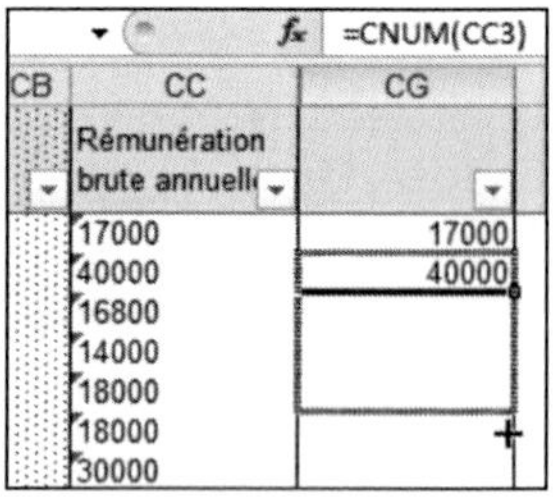

106. Ôter les caractères indésirables

Toujours pour corriger une base de données « polluée », découvrez comment remplacer des caractères pirates (guillemets, ponctuation) en quelques clics.

- **Filtrer les cellules infectées**

Affichez les filtres de la base de données (cf. astuce n° 84) puis effectuez un filtre de type *(personnalisé)* pour isoler les cellules touchées.

- **Corriger les erreurs**

Une fois les données à l'écran, insérez une colonne puis saisissez, en l'adaptant, la formule **=REMPLACER(ref_cellule;1;1;"")**. Validez la formule et recopiez-la vers le bas. Si d'autres caractères polluent la base de données, effectuez un autre tri personnalisé et recommencez cette même démarche.

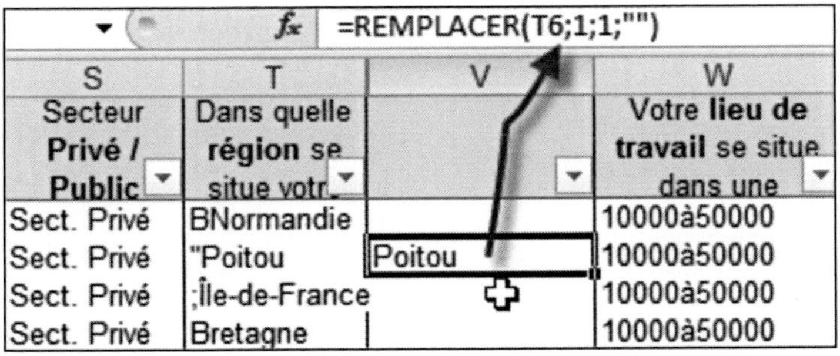

107. Éliminer les doublons

Une liste est trop longue pour isoler les doublons ? Associez quelques formules entre elles et isolez les reports intempestifs en un clin d'œil !

- Saisir la formule d'analyse

Ouvrez une liste (fichier téléphones, articles, documentation) puis placez-vous dans une colonne vide. Là, réunissez deux informations clefs (Nom du client + Ville ; ou Titre du livre + Maison d'édition) à l'aide d'une formule de type **=ref_cellule&ref_cellule** puis recopiez la formule vers le bas.

- Formuler les critères de recherche

Cliquez dans la cellule placée à droite de la formule d'analyse (sur l'image, la cellule L2) puis adaptez la formule **=SI(NB.SI($ref_absolue_cellule_analyse:ref_cellule_analyse; ref_cellule_analyse)>1;"Doublon";" ")** à vos besoins. Double-cliquez sur la poignée de recopie de la formule : le mot « Doublon » s'affiche si Excel détecte une information saisie deux fois.

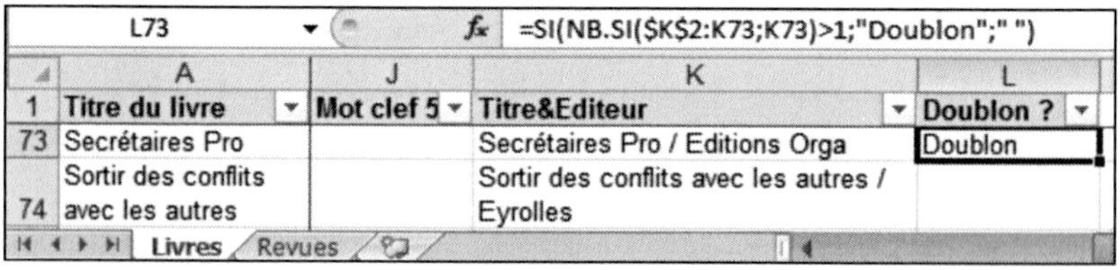

Bon à savoir

La fonction ***Supprimer les doublons*** de l'onglet ***Données*** est très efficace. Elle n'a qu'un seul défaut : elle supprime les éléments en double sans offrir la possibilité de visualiser les lignes incriminées. Son utilisation, très intuitive, ne présente pas de difficultés majeures.

Mettre en forme et imprimer

108. Colorer une ligne sur deux

La lecture des longs tableaux est fastidieuse ? Colorez automatiquement une ligne sur deux !

Sélectionnez la plage de cellules (1). Activez, sur le *Ruban*, l'onglet ***Accueil*** et cliquez sur le groupe ***Style* (1)** s'il est réduit. Activez la flèche de choix de l'icône ***Mise en forme conditionnelle*** puis cliquez sur l'option ***Nouvelle règle...*** La boîte de dialogue ***Nouvelle règle de mise en forme*** s'affiche (3). Dans la zone ***Sélectionnez un type de règle,*** cliquez sur l'option ***Utiliser une formule pour déterminer pour quelles cellules le format sera appliqué*** (4). Dans la zone ***Modifier la description de la règle*** (5), inscrivez la règle **=MOD(LIGNE();2)**. Cliquez ensuite sur le bouton ***Format*** (6) et choisissez, dans l'onglet ***Remplissage***, la couleur à appliquer. Fermez les fenêtres en cliquant sur le bouton ***OK***.

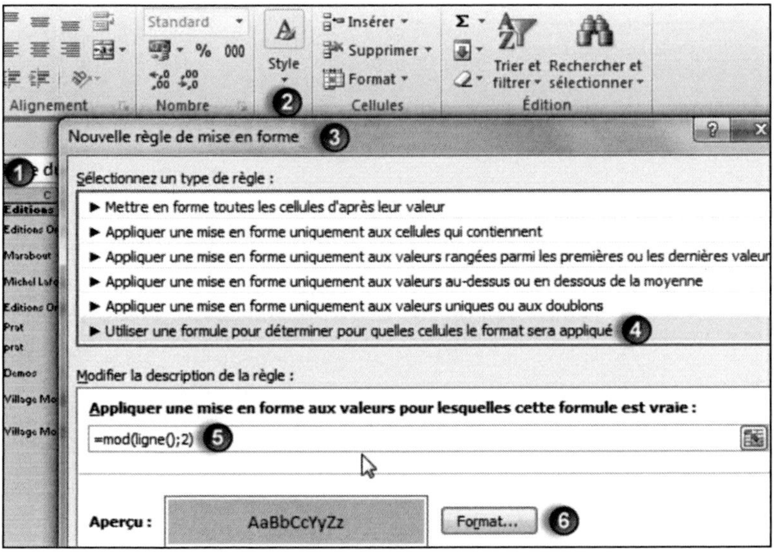

Bon à savoir

L'option ***Mettre sous forme de tableau*** (onglet ***Accueil,*** groupe ***Style***) permet également de colorer une ligne sur deux.

Toutefois, elle présente d'autres avantages (cf. astuces n° 77 et 82).

La règle décrite ci-avant est, quant à elle, très utile toutes les fois où la fonction ***Mettre sous forme de tableau*** ne peut être mise en place.

Dans les deux cas, l'insertion d'une nouvelle ligne entre deux lignes existantes maintient la coloration d'une ligne sur deux.

109. Personnaliser l'en-tête et le pied de page

L'édition des longs fichiers vous oblige à numéroter les pages ? Profitez-en pour paramétrer une mise en forme parfaite !

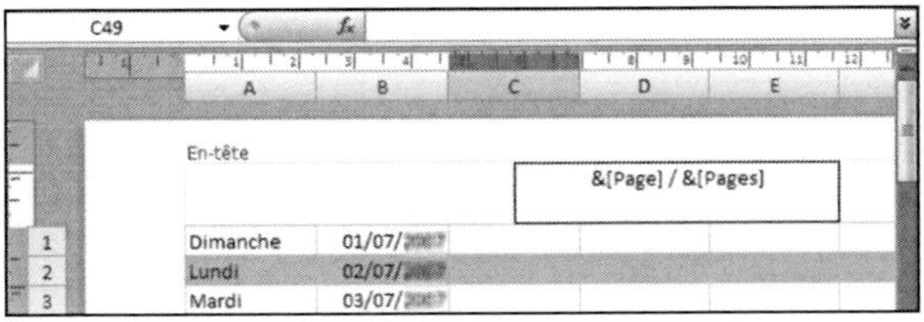

Activez, sur le *Ruban*, l'onglet ***Insertion*** et repérez le groupe ***Texte***. Là, activez la flèche de choix de l'icône ***En-tête et pied de page*** puis ajoutez, à l'aide des icônes, les options à votre convenance. Pour fermer ce menu, cliquez sur le fichier à l'écran.

110. Imprimer les titres des colonnes et des lignes

Êtes-vous toujours en quête de la perfection ? Imprimez les titres des colonnes sur toutes les pages, en un seul clic !

Activez, sur le *Ruban*, l'onglet ***Mise en page*** et activez la flèche de choix du groupe ***Mise en page***. Là, cliquez sur l'onglet ***Feuille***. Dans la zone ***Titres à imprimer***, cliquez sur l'icône située à l'extrémité de la zone de saisie ***Lignes à répéter en haut*** puis sélectionnez la première ligne de votre liste. Agissez de même pour répéter, s'il y a lieu, la colonne à reproduire. Validez vos choix en cliquant sur le bouton ***OK***.

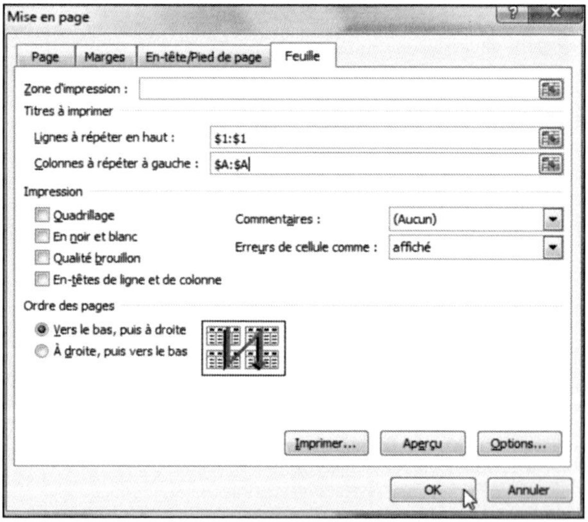

Index par numéro d'astuce

Bon à savoir
Les mots en majuscules représentent une commande Excel.

A

Additionner (somme automatique) 38
Additionner des cellules non contiguës 40
Additionner des heures 28
Additionner sous conditions (SOMME.SI.ENS) 91
AFFICHER COTE A COTE 101
Afficher les formules 49
Ancienneté (DATEDIF) 34
Arrondir des heures (au quart d'heure supérieur) 29
AUJOURDHUI() 33

B

Barre d'outils Accès rapide 1
Barre de formule 1

C

Calculer une suite de pourcentages 59
Calendrier automatique 36
Caractère spécial 75
Cellules vides 10
Classer des résultats (RANG, ou EQUATION.RANG) 43
Collage spécial 81
Colorer une ligne sur deux 108
Commentaires (personnaliser les) 6
Commenter cellule (COMMENTAIRE) 19-20
Comparer des fichiers 101
CONCATENER (réunir des données) 97
CONVERTIR des cellules 100
COPIER-COLLER liste 17
Coût de main-d'œuvre 31
Croiser des données (TABLEAU CROISE DYNAMIQUE) ..... 93 à 96

D

Date automatique 33
DATE importée (corriger) 104
DATEDIF (ancienneté) 34
Définir la plus grande valeur (GRANDE.VALEUR) 43
Déplacer une C, une ligne ou une feuille 12
Déplacer une feuille 14
DISSOCIER LES FEUILLES 26
DIVISER 40
Dollar (signe $) 47-48
DOUBLON 107
Dupliquer une feuille 13

E

Échéance 35
EN-TETE et PIED DE PAGE 109
EQUATION.RANG (ou RANG) 43
Erreur de ponctuation (corriger) 99
Extraire la TVA 55

F

FIGER LES VOLETS 83
FILTRER des données 84-85
Format cellule (modifier) 16
Format DATE 32
Format nombre importé (corriger) 105
Format personnalisé 18-73
Format spécial 72
Formule conditionnelle SI, SI SI, SI ET, SI OU .... 60 à 63
Formule de regroupement (SOMME.SI.ENS et NB.SI.ENS) 91-92
Formule MATRICIELLE (écrire une) 90
Fractions (saisir des) 30

G

GESTIONNAIRE DE SCENARIOS 51
GRANDE.VALEUR 43
GRAPHIQUE 79
GROUPE DE TRAVAIL 26
GROUPER des données 89
Guider la saisie (VALIDATION DES DONNEES) 21

H
Heure (saisir, mettre en forme) 27
Heures au-delà de 24 h 28
HT vers TTC 52

I
Imbriquer des formules 45
IMPRIMER titre des colonnes et des lignes 110
Inclure des données externes dans une formule 46
INCREMENTER LES JOURS OUVRES 36

J
Info-bulles 3

K
K€ (kilo €) 18-76

L
Lier des données 24
Limiter la saisie (VALIDATION DES DONNEES) 37-102
Liste de choix (validation des données) 103
Lister des données (créer des LISTES) 80

M
M€ 76
MAINTENANT 33
MAJUSCULE (tout écrire en majuscules) 98
Majuscules (ajouter des majuscules de début) 98
MAX (maxima) 41
Menu contextuel 1
Message d'erreur (ajouter validation des données) 102
Mettre en forme les cellules 70
METTRE SOUS FORME DE TABLEAU 69-77-82
MIN (minima) 41
MINUSCULE (tout écrire en minuscules) 98
MISE EN FORME CONDITIONNELLE 78
Mode de mise en page (Normal, Mise en page, Aperçu des sauts de page) 1
Modifier chemin de stockage des fichiers 4
Montant avant remise 54

MOYENNE 41
MULTIPLIER 40

N

NB (nombre de valeurs) 42-44
NB.SI.ENS 91
NBVAL (nombre de cellules non vides) 44
NOMPROPRE (ajouter des majuscules de début) 98

O

OPTIONS EXCEL 2
Ordre des calculs 40
Ôter caractères indésirables (liste importée) 106

P

Personnaliser la barre d'outils Accès rapide 2
PIED DE PAGE (et en-tête) 109
Pinceau (icône REPRODUIRE LA MISE EN FORME) 71
PLAN (naviguer dans le mode PLAN) 87-88
Poignée de recopie 1
Points de suite 74
POURCENTAGE (HT, TTC, TVA, etc.) .... 52 à 55
Pourcentage d'évolution 57
Pourcentage d'une série 56
Pourcentage 58

Q

Quart d'heure (saisir) 29

R

RANG (EQUATION.RANG) 43
RECHERCHE, RECHERCHEV, RECHERCHEH .... 65 à 68
RECHERCHER, REMPLACER 11
Recopier des formules (références absolues ou relatives) 47
Recopier une formule de RECHERCHE 69
Recopier une mise en forme 71
REGLE DE MISE EN FORME 108
Remboursement emprunt (calculer montant) 51
Repérer des cellules contenant des erreurs 9
Repérer des cellules vides 10

Repérer des données 7
Réunir des données (CONCATENER).. 97

S

Saisir des données dans une cellule 15
Scénario (VALEUR CIBLE, GESTIONNAIRE DE SCENARIOS)............ 50-51
Sélection automatique.. 8
Sélectionner des données 7
Séparer contenu de cellules (CONVERTIR) 100
SI(ESTVIDE... 64
SI, SI SI, SI ET, SI OU.. 60 à 63
SOMME (sur plusieurs feuilles)... 25
SOMME automatique 38
SOMME.SI.ENS.. 91
SOUS-TOTAUX 39-87
SOUSTRAIRE 40
SUBSTITUE (corriger erreur ponctuation)... 99
Suite (créer/personnaliser) 22-23

T

TABLEAU CROISE DYNAMIQUE.. 93 à 96
TITRES A IMPRIMER 110
TRANSPOSER des données 81
TRIER des données... 86
TTC pour retrouver HT 53

V

VALEUR CIBLE.. 50
VALIDATION DES DONNEES (limiter la saisie).................................... 37
VPM (calculer remboursement emprunt)... 51

Z

Zéro dans cellule à valeur nulle.. 5

À découvrir sur le même thème

Collection DOSSIERS D'EXPERTS

- Bien rédiger - Conseils pratiques pour les collectivités locales (49 €• PDF 30 €) *2014* .... DE 770
- Guide du chef de service (60 €• PDF 40 €) .... DE 712
- Prise de notes, compte rendu et rapport : les techniques pour gagner en efficacité (60 €• PDF 40 €) .... DE 661
- Bien conduire et animer vos réunions (60 €• PDF 40 €) .... DE 622
- Optimiser son temps et ses priorités : conseils pratiques (60 €) .... DE 443
- Réaliser un guide de procédures : enjeux, méthode, outils (60 €) .... DE 431
- Améliorer la qualité de la relation service public-usagers (60 €) .... DE 402

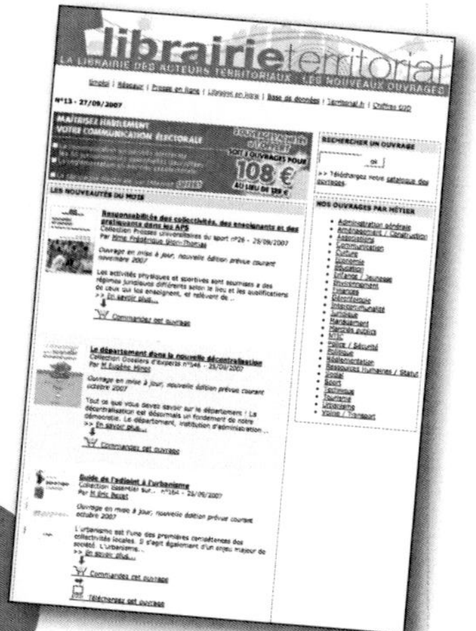

Chaque mois, notre newsletter **vous informe** des nouveautés

Inscrivez-vous gratuitement sur

http://librairie.territorial.fr/newsletter-librairie.html